YIDONG HULIAN BEIJING XIA DE
WANGLUO YULUN YINDAO

牛艳艳 / 著

移动互联背景下的网络舆论引导

知识产权出版社
全国百佳图书出版单位

图书在版编目(CIP)数据

移动互联背景下的网络舆论引导 / 牛艳艳著. — 北京：知识产权出版社, 2018.5
ISBN978-7-5130-5554-3

Ⅰ. ①移… Ⅱ. ①牛… Ⅲ. ①互联网络－舆论－研究 Ⅳ. ①G219

中国版本图书馆CIP数据核字(2018)第093350号

内容提要：

本书在厘清网络舆论的相关概念、发展历程、存在特点和生成机制的基础上，对网络舆论引导进行了全面分析：时代变迁、社会环境、文化背景对网络舆论的影响；网络舆论引导的依据；网络舆论场的基本特点；网络舆论引导的基本思路和策略方法。

责任编辑：阴海燕　　**责任印制：**孙婷婷

移动互联背景下的网络舆论引导

牛艳艳　著

出版发行：知识产权出版社有限责任公司　　网　址：http://www.ipph.cn
　　http://laichushu.com
电　话：010-82004826
社　址：北京市海淀区气象路50号院　　邮　编：100081
责编电话：010-82000860转8693　　责编邮箱：yinhaiyan@cnipr.com
发行电话：010-82000860转8101　　发行传真：010-82000893
印　刷：北京中献拓方科技发展有限公司　　经　销：各大网上书店、新华书店及相关专业书店
开　本：710mm×1000mm 1/16　　印　张：10.75
版　次：2018年5月第1版　　印　次：2018年5月第1次印刷
字　数：146千字　　定　价：35.00元

ISBN 978-7-5130-5554-3

目　　录

第一章　网络舆论概述

我们探讨的网络舆论引导，始于对舆论等一些相关基础概念以及相互之间逻辑关系的厘清，因为只有理解了这些概念之间的区别和联系，才能真正有效地进行网络舆论引导的实践。

第一节　网络舆论的基础概念

一、意见·舆论·舆情

社会意见的表达是形成舆论的基本条件。意见又分为事实性意见和价值性意见两种，事实性意见以事件本身的构成要素为表达主要内容，如事件发生的时间、地点、人物、原因、经过、结果等，价值性意见则以人们对社会事件的态度表示为主要内容，包括喜怒哀乐等情感体验的表达、好恶奸邪等富含价值观判断的态度和评价等。事实性意见和价值性意见的公开、自由、完整的表达，是人类文明不懈的追求，可以说，人类文明的发展史也是一部社会意见表达不断进阶的发展史。从人类历史发展的实践来看，众口一词的单一化表达，要么是专制暴政的产物，要么是一厢情愿的幻想，其实，对社会秩序来讲，意见的多元化表达本身才是最和谐安全的状态，倘若只有一种意见存在和流通，反而意味着存在很大的不安全因素。[1]

舆论的形成，始于一定范围内人们相互之间的信息交换，这种信息的交换，表现为意见的充分表达。有学者将舆论定义为“显示社会整体知觉和集合意识、具有权威性的多数人的共同意见”。[2]由此可见，舆论的基本特点：一是舆论代表社会多数人的共同意见；二是这种多数人的共同意见被完整地表达出来；三是这种共同意见具有权威性，这种权威体现为对个体的行为、社会的秩序都具备较强的影响，属于社会控制机制的一部分。关于“多数人的共同意见”中的“多数人”，中国人民大学陈力丹教授曾有过形象的量化解释，他认为，如果某种意见在一定的空间范围内低于整体的1/3，它就不能被称为舆论，而只是少数人的意见，这是意见多元的正常现象。但是，如果这种意见超过了1/3，那么就需要引起重视，并对其进行有效引导。

舆情是舆论的基本情况，是一种舆论的状态描述，我们经常能在舆情监测报告中看到“舆情向好”“舆情失控”等表述，就是对舆论态势的具体判断。理解舆情的含义，需要从四个方面入手：一是舆情的起点是多元化的意见表达，没有意见表达，就没有舆论，也就没有舆情；二是舆情的底色是舆论，舆情所反映的舆论，是那些对执政者决策行为能够产生影响的意见表达；三是对舆情的分析判断，是在具体的情境之下进行的，即舆情空间，舆情空间对执政者决策、公众的行为有重要作用；四是从社会现实来看，舆情特别强调民众对执政者及其所持有的政治取向的意见，这种意见不仅包括民众对国家政治的看法和态度，而且还包括对社会事物的看法和态度。

从意见到舆论再到舆情，三者的逻辑关系是：民众的意见表达，是形成舆论的前提，也是舆情的起点。舆论是多元化意见表达与博弈的结果，是代表集体意识的部分。舆情是社会意见多元化表达的总和，并重

[1] 陈力丹：《微博的自律与自净机制》，《网络传播》，2011年第10期。

[2] 刘建明：《基础舆论学》，中国人民大学出版社，1988年，第11页。

点反映多数人意见的一种舆论状态。

二、公共舆论·网络舆论

舆论是人们意见表达的结果，是多数人的共同意见。卢梭在《社会契约论》里提到“公意”和“众意”之间的差别：“公意只着眼于公共的利益，而众意则着眼于私人的利益，众意只是个别意志的总和。”[1]我们所讨论的舆论，应该是着眼于多数人利益的公意，即公共舆论。公共舆论反映社会共同体和个体、群体之间的关系。[2]网络时代，个人意见表达空前活跃，网络充分承载民意，并孵化公共舆论。

从公开发表的学术论文和著作来看，“网络舆论”在2003年作为一个固定的概念正式进入公众视野。[3]当前，关于网络舆论的定义，学界还存在争议，因此对网络舆论的概念解读也不统一。围绕网络舆论的主体，有的学者不明确指定网络舆论的主体，对公众与网民也不做明确区分，只侧重强调网络舆论的媒体特征，如谭伟把网络舆论解释为“在互联网上传播的公众对某一焦点所表现出的有一定影响力的、带有倾向性的意见或言论”[4]；有的学者认为网络平台上所有言论都应当属于网络舆论的范畴，因此所有上网发声的网民、媒体等都是网络舆论的主体，如金兼斌将网络舆论定义为“公众（主要指网民）以网络为平台，通过网络语言或其他方式，对某些公共事务或焦点问题所表现出的意见的总和”[5]，并将网络舆论区分为网络新闻舆论和网民意见舆论；有的学者则认为只有网民的言论才是网络舆论，网络舆论的主体只有网民，网络舆论是指“在互

---

❶ 卢梭：《社会契约论》，商务印书馆，2010年，第35页。

❷ 程世寿：《公共舆论学》，华中科技大学出版社，2003年，第29页。

❸ 邹军：《虚拟世界的民间表达——中国网络舆论研究》，复旦大学，2008年博士论文。

❹ 谭伟：《网络舆论概念及特征》，《湖南社会科学》，2003年第5期，第188-190页。

❺ 金兼斌：《网络舆论调查的方法和策略》，《河南社会科学》，2007年第4期，第118-127页。

联网空间形成的、关于公共问题的网民的一致意见”[1]。围绕网络舆论的本体，争议的焦点主要是网络舆论是共同的意见还是有影响力的意见，因此，对网络舆论的定义也有了不同的解读，有学者认为网络舆论是“公众在互联网上公开表达的对某种社会现象或社会问题的具有一定影响力和倾向性的共同意见”[2]，有的学者则把网络舆论定义为“网民对自己所关心的话题（包括公共事务、公众人物、价值观念、意识形态和历史评价等），以网络媒体为载体，通过以网络论坛为主阵地的网络空间，公开表达的具有强烈冲击力与影响力的意见”[3]。

本书讨论网络舆论引导，因此网络舆论主体上采用广义视角，将所有在网上发表言论、进行信息传播的个体和机构认为是网络舆论的主体，本体上采用批判的视野，认为网络舆论是有影响力的共同意见。因此，网络舆论就是在互联网空间里，针对某种社会现象和社会事件的主流意见。具体说，网络舆论是各类舆论主体利用互联网对新闻、言论或某个话题发表自己的意见，并经过充分互动所形成的具有一定影响力和某种倾向性的共同意见或集体情绪。[4]这里的网络舆论，先天地带有公共舆论的色彩，承担新媒体的社会功能：一是快速识别社会热点问题，网络舆论能在短短几个小时内，使当前社会热点事件从浩瀚的网络信息中析出，并吸引更多人的关注，从而形成公共议题；二是持续跟踪社会事件和社会问题，媒体、公民等对社会热点事件的报道、评论、转发、回复、分享、点赞等，有助于推动事件发展和解决社会问题；三是分析社会事件发展趋势，通过对社会问题的充分讨论——网络舆论主体集体评判问题是否得到了解决，解决程度是否达到了社会期望的水平，影响网络公共舆论的发展趋势，从而推动社会文明进程，检验政府公共政策实施效果等。

[1] 刘建明：《舆论传播》，清华大学出版社，2001年，第171页。

[2] 谢新洲：《网络传播理论与实践》，北京大学出版社，2004年。

[3] 王惠军：《网络舆论传播规律及其导向研究》，南昌大学，2012年博士论文。

[4] 蒲红果：《说什么怎么说：网络舆论引导与舆情应对》，新华出版社，2013年，第35页。

第二节　网络舆论的发展历程

1994年4月20日，中国正式接入互联网。1995年，张树新创立首家互联网服务供应商——瀛海威，普通民众开始进入互联网。从1998年开始，我国互联网进入几何级数的爆发式增长。经过近20年的飞速发展，互联网已经成为重要的社会舆论阵地，一些话题在网民的关注与分享下，一夜之间就能成为社会舆论事件。然而，网络舆论影响力的放大，并非一日之功，而是经历了若干发展阶段，才成就了网络舆论“网”尽天下事的今天。

一、六阶段说

关于中国网络舆论发展的历程，蒲红果划分为六个阶段[1]。

（一）第一阶段（1998—2002年），互联网迅速兴起的阶段

这一阶段，论坛成为一种门槛最低的意见表达渠道，网络新闻频道如雨后春笋般涌现，网络媒体开始兴起，互联网基础设施建设快速普及，信息量和用户急剧增长，截至2002年年底，上网用户达到5910万，并有越来越多的人和机构涌向互联网。这一时期，新浪、搜狐、网易等门户网站获得新闻登载资质，互联网新闻信息得到快速传播。

（二）第二阶段（2003—2004年），网络舆情影响力初显

这一阶段，网络舆论影响力初显，2003年被称为是中国“网络舆论元年”。新浪网的新闻频道红极一时，它的新闻快速、全面、集中，非常符合网络阅读习惯，每天发布的即时新闻高达8000多条，一度成为当时网民了解国内外新闻事件的首选。这一时期，中国社会生活发生的一系列事件，如具有里程碑意义的孙志刚案、哈尔滨宝马撞人案、刘涌案，都在网

[1] 蒲红果：《说什么怎么说：网络舆论引导与舆情应对》，新华出版社，2013年，第33-52页。

上广为传播，形成巨大的舆论影响。这一时期，网络舆论情绪化情况也很严重，种种不当言论出现在网络空间，人们也开始真正意识到对网络信息服务进行规范与监管的必要性。

（三）第三阶段（2005—2006年），网络舆论形成机制

这一阶段，博客异军突起，出现徐静蕾等博客大咖式的早期网络精英话语群体。普通网民除了被动接受信息，也开始真正参与到信息的生产与传播中来，网络舆论形成机制发生质变。这一时期，网民言论空前活跃，不论是国内还是国际事件，都能马上形成网络舆论，并对政府相关部门产生巨大的舆论压力，网络舆论成为政府不得不正视的课题。全民上网、全民传播的时代开始到来。

（四）第四阶段（2007—2008年），网络舆论民意功能凸显

这两年，网民开始强烈关注民生问题，人们参与公共事务的热情明显高涨，“5·12”汶川大地震、“6·28”贵州瓮安群体性事件、“7·1”北京青年杨佳上海袭警案、8月北京奥运会、三鹿奶粉事件等，每一次都在网络上掀起轩然大波，网络舆论在关注个人命运的同时，增加了更多对公共利益的诉求。这一阶段，网络舆论与社会现实的互动明显增强，对群体行为的影响更加深刻，网络舆论表现出来的意识形态斗争和社会矛盾更加尖锐更加复杂。

（五）第五阶段（2009—2010年），网络舆论向主流化迈进

这一阶段，互联网的大众媒体属性凸显，网络舆论无论是从传播力、影响力还是社会认可度，都已经走向主流化。互联网已经逐渐成为民众参与经济、政治、社会事务的一个重要舆论场，以网民为主体的新阶层正在兴起，网络民意受到充分重视：全国各地各行各业加紧创建网络发言制度；网络问政成为中国公民行使知情权、参与权、表达权和监督权的重要方式；网络反腐，依靠人民的力量做得风生水起。2009年8月，新浪推

出微博内测版，开启了舆论格局彻底被颠覆的进程，新的历史阶段呼之欲出。

（六）第六阶段（2011 年至今）

舆论格局巨变，微博、微信等自媒体蓬勃发展，很大程度上重塑了中国社会的舆论生态。2011 年，上海交通大学舆情研究实验室就曾发表文章，认为“微博正在上升为中国最具影响力的媒体之一，它的兴起彻底打破了传统媒体的‘专业主义壁垒’，在直接发掘新的议题的同时，也从传统媒介那里‘抢’走了部分议题设置权。众多新闻事件体现了这一趋势。例如，网友王凯第一时间在新浪微博上发布甘肃舟曲泥石流灾害的现场照片，短时间内被数千名微博网友转发；山西尘肺病矿工钟光伟用手机发布 700 多条微博讲述维权遭遇……这些微博内容都曾经引起传统媒体关注，并成为其争相报道的对象。同时，微博也改变着网络舆论场，标志着互联网信息传播的新阶段。”[1]

二、四阶段说

网络舆论的发展，有几个关键节点：2003 年被称为“网络舆论元年”，2005 年被称为“博客元年”，2006 年被称为“博客年”，2007 年被称为“网络民意年”，2008 年被称为“公民社会元年”，2010 年被称为“微博发展元年”，2011 年微信上线，并被称为“微博应用元年”“政务微博元年”“企业微博元年”“微博慈善元年”“微博动员元年”，2013 年被称为“微信公号元年”，2016 年被称为“网络直播元年”，2017 年被称为“微信小程序元年”……可以看出，各元年之间的间隔逐步缩小，网络舆论的发展脚步越来越快。在前文“六阶段说”的基础上，笔者根据承载网络舆论的主要媒介的不同，将中国网络舆论的发展历程进一步简化为四个阶段。

[1] 上海交通大学舆情研究实验室：《当前我国社会舆情特点：微博改变舆论传播格局》，2011 年 8 月 23 日，http://www.xinhuanet.com/zgjx/2011-08/23/c_131068454.htm.

（一）第一阶段（1998—2004年）：门户网新闻时期

这一时期，新浪、搜狐等商业门户网站和新华网、人民网等媒体网站上，新闻信息快速传播，人们在互联网上能获知千里以外正在发生的事件，并能发表实时评论，快速形成网络舆论。门户网新闻时期，依然以单向传播为主，新闻信息从各大新闻网站流向普通民众，网站尤其是新浪网新闻频道一度成为网民了解国内外新闻事件的重要窗口。另一方面，海量信息带来的信息过载效应，很快就显现出来，网民自主选择信息的需求成全了搜索业务的异军突起：2001年10月22日，百度正式发布"Baidu"搜索引擎，并迅速成为全球最大的中文搜索引擎，与此同时，各大门户网站也开始提供和站内搜索服务，为网民获取个性化信息提供便利。

到了2003年，网络舆论开始受到社会各界普遍关注。在SRAS肆虐期间，在广州，胡锦涛总书记对一位医生说："你的建议非常好，我在网上已经看到了。"[1]同年的孙志刚事件，成为中国网络舆论历史上具有里程碑意义的事件。该事件引发国务院废止了已经执行21年的《城市流浪人员乞讨收容遣送办法》，出台了新的《城市生活无着的流浪乞讨人员救助管理办法》。从某种程度上讲，孙志刚事件体现了网络作为民意表达的重要途径的巨大作用——网络舆论已然成为点燃沸腾民意、推动社会发展的历史性力量。

（二）第二阶段（2005—2008年）：博客论坛时期

博客在2002年已经出现，2005年得到规模性增长。2006年，网民注册的博客超过3300万个。到2007年12月底，中国博客达到7282万个，博客作者人数4700万，平均每4个网民中就有一个博客作者。[2]这些博客

[1] 中国网：《关注：网上政府正向我们走来！》，2004年9月24日，http://www.china.com.cn/chinese/zhuanti/qkjc/667315.htm.

[2] 中国互联网络信息中心：《2007年中国博客市场调查报告》，2007年12月。

作者，有的在博客上记录个人的经历和感情，把博客做成了一本自传，如徐静蕾的新浪博客，快速突破了千万次点击，一夜之间登上了各大报刊的头条。有的在博客上品评时事，发起倡议，具有很强的议程设置能力，成为第一批真正意义上对网络舆论有影响的人。

2008年5月21日下午2点多，一个叫“789oo88oo88”的网民在天涯社区发了一篇题为《这种奶粉能用来救灾吗?!》的帖子，质疑河北石家庄三鹿集团股份有限公司生产的三鹿牌奶粉质量，帖文称“13岁的女儿每晚睡前喝一杯，第二天早晨第一注小便黏稠、呈淡黄色米汤状，还有细小颗粒沉淀，偶尔还要拉肚子；不喝奶粉小便就很清爽，一喝又浑浊起来。”❶这个帖子当时并未引起很大关注。6月至7月，甘肃省卫生厅接到多起肾结石病例报告，国家质检总局网站也相继接到投诉，称婴幼儿食用三鹿婴幼儿奶粉后，有出现尿液变色或尿液中有颗粒现象。8月至9月上旬，新浪博客、西祠胡同、天涯社区等网络社区围绕三鹿奶粉事件展开热烈讨论。9月8日，甘肃《兰州日报》等地方媒体以“某奶粉品牌”为名，曝光奶粉事件。由于报道中未明确具体的奶粉的品牌，网民发起“人肉搜索”，号召人们找出这一奶粉品牌，以免更多无辜婴幼儿受到伤害。9月11日，《东方早报》全面曝光三鹿奶粉事件，当晚，卫生部发布消息：高度怀疑石家庄三鹿集团股份有限公司生产的三鹿牌婴幼儿配方奶粉受到三聚氰胺污染，三聚氰胺可导致人体泌尿系统产生结石。❷

反观三鹿，原奶事业部、销售部、传媒部各自分工，试图通过广告投放和软文宣传，化解危机。9月12日，自称是“一个负责三鹿公关的普通员工”在网上发帖，帖子的内容主要是一份文件传真件的两张照片，文件标题为《三鹿集团公关解决方案建议》，披露了三鹿公关公司对于集团处理此次事件的公关建议：一是“安抚消费者，1至2年内不让他开口”，二

❶ 胡百精主编：《中国危机管理报告2008—2009》，中国人民大学出版社，2009年，第297页。

❷ 谢新洲主编：《舆论引擎：网络事件透视》，北京大学出版社，2013年版，第77-78页。

是"与'百度'搜索引擎媒体合作，拿到新闻话语权"，[1]这份建议的真实性虽被当事人否认，但却在互联网上激起巨浪。9月16日、19日，国家质检总局发布奶粉专项检查和液态奶专项检查结果，共涉及109家企业，全国22家奶粉厂家69批次产品中检出三聚氰胺，三鹿、伊利、蒙牛、雅士利等22家的奶粉中均检出三聚氰胺，其中三鹿奶粉含量最高，由此引发整个奶粉行业的信任危机。[2]

以三鹿事件为代表，这个阶段，人们开始看到网络对于社会事件逐渐强大的影响力，开始乐于参与话题，推动事件发展，为微博等自媒体的到来做好了准备。

（三）第三阶段（2009—2014年）：双微分立发展时期

经过了前两个阶段的酝酿与储备，互联网技术日新月异，网络成为人们的生活必需品，微博、微信等个性化应用大量出现、迅速普及，并对舆论格局产生重大影响。2009年8月，新浪推出微博内测版。2010年，腾讯微博正式上线。2011年，微信诞生。博客开始逐步退出网络舆论历史舞台，截至2012年12月底，网民中仍在使用博客的用户规模1.4亿人，占比仅为24.8%。[3]这一阶段的"双微分立发展"大致以2012年为界，也体现为两个层次：一是新浪微博和腾讯微博两种微博两强并立，二是（新浪）微博和（腾讯）微信并行发展。

1. 新浪微博和腾讯微博两强并立

Twitter的成功迎来了众多的模仿者，在中国，2007年5月，国内第一个广为人知的微博网站饭否创建，2009年下半年开始，同学网微博、聚友网9911、139移动说客、新浪微博、人民网微博等相继进入微博市场，此后，网易、腾讯、搜狐、凤凰等各大门户网站相继开通微博，各运营商跑马

---

❶ 胡百精主编：《中国危机管理报告2008—2009》，中国人民大学出版社，2009年，第300页。

❷ 谢新洲主编：《舆论引擎：网络事件透视》，北京大学出版社，2013年，第78页。

❸ 中国互联网络信息中心：《2012年中国互联网络发展状况统计报告》，2013年1月。

圈地，发力微博。很快，多数微博由于各种原因逐渐退出，从2011年开始微博市场上呈现新浪微博和腾讯微博两强并立的局面，到2013年第一季度新浪微博注册用户达到5.36亿，2012年第三季度腾讯微博注册用户达到5.07亿，微博用户总量接近饱和(国内网民总数约5.64亿)(如图1所示)。[1]2012年，DCCI互联网数据中心对不同微博平台的用户在互联网微博用户中的占比情况进行调查发现，新浪微博用户约占87.67%，腾讯微博用户约占84.69%，网易微博用户约占56.12%，搜狐微博用户约占35.63%，凤凰微博用户约占13.62%，其他微博平台的用户占18.37%[2]，微博场上呈现出新浪微博和腾讯微博两强并立、其他微博奋起直追的格局。

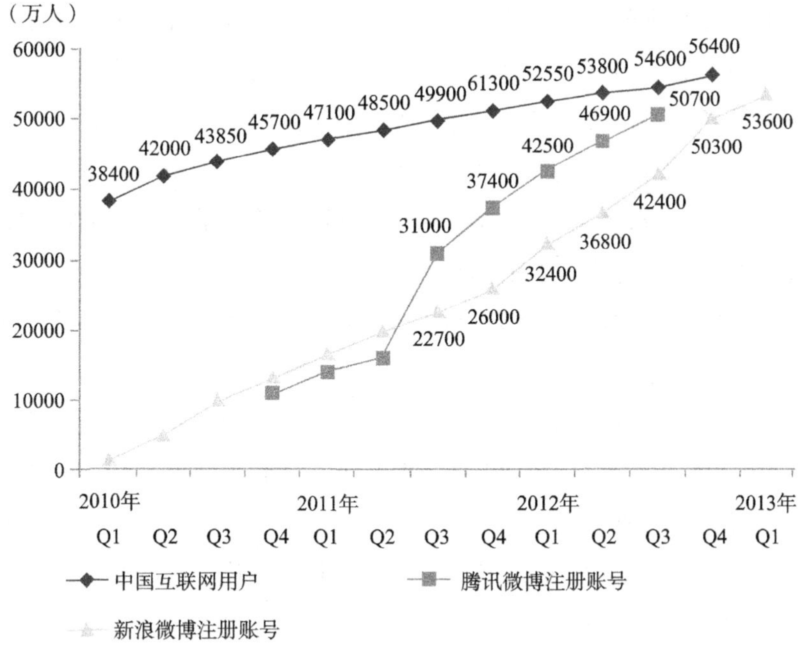

图1 2010—2013年新浪、腾讯微博注册人数与互联网用户比较

数据统计：CNNIC，新浪，腾讯，互联网实验室，2013.05

---

❶ 互联网实验室、浙江传媒学院互联网与社会研究中心：《2012年—2013年微博发展研究报告》，2013年6月。

❷ 互联网数据中心(DCCI)：《中国微博蓝皮书》，2012年9月。

这一时期,微博上每年都曝出重大舆论事件,网民、媒体等各路舆论主体在微博上言语争锋,影响着事态发展。据上海交通大学舆情研究实验室对2009年、2010年、2011年影响较大的舆情热点事件统计显示,微博首次曝光的比例依次是0、9.3%、20.3%,增速相当快。2010年9月10日上午,江西省宜黄县凤冈镇发生因宜黄新建客运站工程拆迁引发自焚事件,房主钟家3人重伤,其中1人经抢救无效死亡。这起自焚事件起初并未引起舆论过分关注,但是自焚后发生了一连串事件,有记者在微博上直播事件进展,钟家小女儿开通微博公布最新情况,更多微博达人和网民关注转发,使这起事件成为当年一起重大的网络舆论事件。2011年7月23日,温州动车事故发生,几乎同时,第一条信息就出现在新浪微博上,"D301在温州出事了,突然紧急停车了,有很强烈的撞击。还撞了两次!全部停电了!我在最后一节车厢。"[1]网民"袁小芫"发出的第一条微博,让数万网民第一时间得知了事故信息。随后,现场搜救、医院治疗、网上寻亲、动员献血、防骗提醒、事件进展以及追责辟谣等,微博全程"参与",展现出巨大的传播能量和动员能力。

这一时期,微博为党和政府的反腐工作提供了不少有效线索。微博作为腐败曝光地和舆论发酵场,使得举报信息一旦进入微博领域,能快速从鲜为人知变成广为人知,其安全、高效、有力度,不少官员因微博曝光而下台:江苏微博直播开房局长谢志强,深圳"猥亵女童"局长林嘉祥,剑阁"节约"局长曹正直,徐州"一夫二妻"区委书记董锋,陕西"表哥"局长杨达才,被女主播揭发的市人大代表孙德江,不雅视频曝光63小时就"倒下"的重庆区委书记雷政富……到2012年,"微博反腐"进入成熟阶段,在当年广受关注的15起真实的网络反腐案件中,6起案件直接通过

[1] 中国经济网:《温州动车事故:是谁用微博发出第一条求援信息》,2011年7月26日,http://www.ce.cn/xwzx/gnsz/gdxw/201107/26/t20110726_22564768.shtml.

微博揭发，占比40%，[1]其余9起案件中，微博虽然没有直接充当举报平台，但是其产生的巨大转发量对案情的推动也产生了不可忽视的作用，情妇、艳照、房产、手表在微博反腐领域高度"敏感"，网民用围观展现出强大的反腐力量。

这一时期，微博慈善、微博打拐、免费午餐、微博维权等微博公益活动日益增多。"微博打拐第一人"邓飞，直接促成全国首个微博打拐成功的案例，帮助彭高峰在3年之后找到了被拐的儿子彭文乐。2008年3月，3岁的男孩彭文乐在深圳被人抱走，彭家遍寻无果。2009年春节，邓飞抱着试试看的态度将彭文乐的照片第一次放上了微博，之后每次逢年过节都再发一遍。2011年春节期间，一名大学生在家乡看到一个酷似彭文乐的孩子。大年初四，邓飞和彭高峰寻回孩子。寻子过程中，邓飞将父亲彭高峰的语言和紧张、焦躁、不安、期待的情绪全程微博直播，很多网民看了难以自制地感动落泪。从此，春节因为微博多了一个关键词"打拐"。

需要注意的是，随着手机终端功能的扩张，微博用户逐步出现分化，截至2012年12月底，我国手机微博用户规模达到2.02亿，高达65.6%的微博用户转向手机终端访问微博，[2]大规模网民悄然向移动互联迁移。

2. 新浪微博和腾讯微信并行发展

2012年，微博发展进入平稳期，用户量增速减缓，微博关注度、活跃度、黏性降低。从用户规模来看，截至2012年12月底，我国微博用户规模为3.09亿，在所有网民中的比例达到54.7%，年增长率23.5%，出现断崖式下降（比2011年的年增长率296%低272.5个百分点）。[3]DCCI互联网数据中心2012年对中国微博的调查显示，我国微博用户规模已经接近网

---

❶ 上海交通大学新媒体与社会研究中心、舆情网联合发布《2012年中国微博年度报告》，2012年12月25日。

❷ 中国互联网络信息中心：《2012年中国互联网络发展状况统计报告》，2013年1月。

❸ 中国互联网络信息中心：《2012年中国互联网络发展状况统计报告》，2013年1月。

民总体规模，近七成用户拥有唯一账号，用户规模趋于稳定。在19岁及以上的中国网民中，微博用户的渗透率达到88.81%。[1]

这一时期的微博发展，有几个明显的特点：一是腾讯微博战略“撤退”。2011年，微信上线。随着微信、易信、陌陌等即时通信工具的诞生，微博逐渐开始衰落。根据中国互联网信息中心的报告显示，截至2014年6月，微博用户规模为2.75亿，网民使用率比2013年12月下降了1.9%。微博在全盛时期的用户量是3.3亿，网民使用率达到56%，之后就一直处于下跌状态。[2]2014年7月，腾讯内部传出撤销腾讯微博事业部的消息，10月27日，腾讯正式宣布将腾讯网与腾讯微博团队进行整合。二是政务微博迅猛发展。进入2012年，每天都有100多家政务微博诞生，截至2012年10月底，新浪微博认证的政务微博总数达到6万多个，同比增长231%，至2012年11月11日，腾讯微博认证的政务微博总数达到7万多个。[3]开通政务微博的政府机构上至国家部委，下至基层市县，越来越多的政府机构和官员开始重视微博问政，并积极提高微博素养，提升与民众互动的能力。三是中央主流媒体纷纷进驻微博，抢占舆论阵地。2012年7月22日，人民日报官方微博发布首条微博，截至12月18日，共发布微博3931条，粉丝量超过300多万。新华社旗下各机构、央视各频道及栏目纷纷开通微博，推动传统媒体和新媒体融合发展进入新的历史阶段。

微信上线之后，成为越来越大的平台，在很多功能上逐渐替代了微博，腾讯显然放了更多的精力在微信上。微信成为史上发展最快的自媒体，2009年微博用户规模突破3亿用了991天，两年后，微信刷新此记录，10个月用户规模达到5000万，789天突破3亿。随着微信的兴起，微信真

---

[1] 互联网数据中心：《中国微博蓝皮书》，2012年9月。

[2] 中商情报网：《微博式微四大门户角逐：前有腾讯放手 后有网易退出》，2014年11月7日，http://www.askci.com/news/chanye/2014/11/07/15551v9vv.shtml.

[3] 上海交通大学舆情研究实验室：《2012年微博年度报告》，2012年12月25日。

的如愿成了人们的"一个生活方式"。2014年，微信用户规模超过6亿，覆盖全球200多个国家和地区，月活跃用户达到4亿，用户平均每天阅读5.86篇文章，订阅号80%的阅读量来自朋友圈。在微信用户对文章的转发行为中，61%转发到了朋友圈。❶

这一时期的微信发展，有几个明显的特点：一是微信公众号井喷式发展，2013年，微信公众号大量涌现，截至2014年6月，微信公众号总数超过580万个，日均增长1.5万个，实现了信息推送的双向互动。二是媒体融合深入发展，媒体微信号队伍不断壮大，人民日报、中央人民广播电台、中央电视台、新华社等纷纷开通微信公众号，实时推送新闻信息。央视节目结束前，主播都会提醒观众关注节目官方微博、官方微信。三是政务微信持续推进，不同于政务微博的后知后觉，政府在微信发展的上升阶段就积极介入，主动开通政务微信，据2015年4月22日微信团队联合腾讯研究院发布的"互联网+微信政务民生白皮书"统计，截至2014年12月底，全国政务微信数量达到40924个，省市级政府机关是开设政务微信的主力军，公安、医疗政务微信总量规模领先。在突发事件中，政务微信发声成为政府新闻发布的标配，在抢占话语权、进行权威发布方面富有成效。

微博和微信并行发展的阶段，微博热度较之前大幅下降，但仍有较强舆论影响力，微信用户大幅增加，新闻客户端也在发展中。根据艾媒咨询（iiMedia Research）报告，2008年到2009年，随着新浪推出"掌上新浪"，手机新闻客户端雏形出现。随后两年，各大门户网站相继推出新闻客户端，新闻聚合客户端出现，市场启动。

（四）第四阶段（2014年至今）：移动互联时期

微博、微信、新闻客户端继续发展，逐步形成"三足鼎立"的态势，信

---

❶ 中国社会科学网：《2014年中国微信发展报告："小杠杆撬动大地球"》，2015年7月7日，http://www.cssn.cn/xwcbx/xwcbx_xmt/201507/t20150707_2068042_7.shtml.

息多向交互、分享式传播机制发育成熟，政府机构、媒体（集团）、企业等基本完成了“两微一端”的平台建构，并试图整合多样化平台，叠加放大信息传播影响。社会民生问题、环保问题、公共政策、国际领土纠纷、公众人物等，话题多样，天天翻新，舆论热点层出不穷，网民的点击与关注成为更加稀缺的资源，被各方绞尽脑汁奋力争夺。

这一时期的网络舆论，出现了一些前所未有的新特征：一是政府对移动端的舆论场保持高度关注，随着国力的增强，在对外议程设置、社会秩序重建等方面能力显著提升。利用互联网，中国的“一带一路”、G20等各种峰会、亚投行建设等重大事件，透过移动互联舆论场，向外辐射，并在一些国际议题中，主动设置话题、引导网络舆论，在国际舆论场上争得更加主动有力的地位。二是90后、00后等年轻一代表现出舆论主力军的潜质。新一代青年网民越来越善于用自己的方式，主动策划网络正能量议题，帝吧出征等行动充分展现出新生代网民群体引领舆论的能力。三是网民整体趋向理性平和，多年来，“段子”和“段子手”活跃在各类舆论事件中，成为网络舆论场上特有的意见形态，七嘴八舌，热闹嘈杂。然而，在一些大是大非的问题上，如国家统一、民族团结等问题上，网民日趋成熟，在烈士余旭等热点事件中，观点理性、自信健康的群体心态特征非常鲜明。四是与民生密切相关的环保、教育、住房、医疗等议题，如魏则西事件、雷洋事件、湖北江苏高考减招风波、中关村二小“校园欺凌”事件、罗一笑事件，等等，网民用越来越强的代入感参与到事件讨论中来，成为网络舆论的新变量。五是技术对媒介的影响加剧。人工智能汹涌而至，从内容生产到传播渠道，从用户营销到传播效果，从传媒生态到宣传格局，人工智能将影响传播链条的全过程。2017年，人工智能首次被写入《政府工作报告》。人工智能将如何影响宣传格局、网络舆论乃至意识形态，将成为更具有前沿性和重要性的话题。[1]

---

[1] 张志安、李霭莹：《2017年中国新闻业年度发展报告》，《新闻界》，2018年第1期。

可以看出，网络舆论的发展速度越来越快，对社会的影响越来越深刻，对网络舆论的研究不仅要注重历史性，而且更要注重时效性。当前，前三个阶段的网络舆论研究成果比较丰富，因此，本书的研究着力点放到第四阶段，即移动互联时期的网络舆论及其引导，在后续各章中，重点以移动互联时期为讨论框架，适用实用主义视角，以期增强本书的现实观照性和实践指导性。

第三节　网络舆论的特点

纵观近年来关于网络舆论特点的研究，大都提到了开放性、交互性、匿名性、碎片化的特点，本节将这些含义明确、形成共识的特征划归为网络舆论的基础性特征，对这些基础性特征，本节不做展开论述。鉴于网络舆论发展到移动互联阶段，本节提出五个阶段性特征，分别是双向去中心化、不确定性状态、意见的隐匿性、意见群体化、围观促进社会改变。

一、双向去中心化

美国加州大学教授马克·波斯特在其著作《第二媒介时代》中，将电子媒体时代的去中心化、分散化、多元化特点进一步明确为“双向的去中心化的交流”[1]。他认为，广播、电影和电视等媒体的传播，是由少数大型媒介公司制造并发出，经过一定的销售途径，最终到达消费者的过程，本质上是“一对多”的广播型传播模式，反映了第一媒介的特点。随着信息高速公路的介入以及卫星技术与电视、电脑和电话的结合，出现了一种集制作者、销售者和消费者于一体的新模式，在这种新模式中，制作者、销售者和消费者三者之间的界限不再泾渭分明，互联网等电子媒介的发展正在改变人们的交流习惯，社会进入第二媒介时代。

---

[1] 马克·波斯特：《第二媒介时代》，范静哗译，南京大学出版社，2000年，第22页。

事实上，这里的第二媒介时代，正是网络时代，而且随着媒介技术的发展，“多对多”的网状传播模式逐步确立，双向去中心化也得到了进一步发展。一方面，传统信息制作者的权威在一定程度上被解构，其所处传播链条的始发地位被快速消解，只要不违反法律法规，任何人都可以进行信息的生产、传输（销售）、分享，而且更多的情形是，如果作者愿意分享，其他人就可以对初始信息加以评论，赋予初始信息更多的内容并继续加以传播。另一方面，传统传播模式下，信息传播往往要以“二级传播”的方式经过意见领袖再到达最终接受者，信息消费者事实上也细分出意见领袖和普通受众两个层次。在网络环境中，一部分传统意义上的意见领袖将其舆论影响力“平移”上网，成为网络舆论中最早的有影响力的群体，更多传统意义上的意见领袖则消失在现实与虚拟的交界处。普通人则以广大网民的身份，通过微博、微信等自媒体在公共舆论空间发声，参与话题讨论，推动舆论进程。当下动辄拥有数千万粉丝、在网络上一呼百应的大V，便成为网民中的“战斗机”，具有极强的号召力。

二、不确定性状态

网络舆论的不确定性描述的是这样一种状态：由于信息自由、快速地流动，意见表达周期极速缩短，碎片化传播走向极致，事件真相经常以部分真实的状态出现，并在网络舆论空间进行自动去重、功能叠加，很容易出现信息歧义化、舆情反转剧等多种不确定情况。

从网络发声主体来看，从传统精英到网络草根，从明星达人到网络水军，各行各业的力量都会对舆论态势产生影响，每每形成热点事件，网络舆论便呈现出一种真知灼见和道听途说混杂、理性探讨和任性发泄混杂、善意引导和恶意破坏混杂的状态，充满了不确定性。

从公共管理的角度看，一些涉及民生的社会事件，在各方民意喷涌的效应之下，极有可能引发舆论事件甚至群体性事件，成为政府决策、社会管理的不确定因素。

三、意见的隐匿性

如本章第一节所述，网络舆论是在互联网空间里，针对某种社会现象和社会事件的主流意见。虽然网络的开放性使每一个人都有了自主言论的平台，但并不是所有人都会表达意见，即便是那些表达意见的，也未必就是社会的大多数。同时，网络空间的开放性也决定了网络对意见的出现和退出一视同仁，一种意见可能前一分钟还应者寥寥，下一分钟就万众共鸣，甚至有些意见毫无征兆“空降”网络，并掀起轩然大波。因此，网络舆论是一个动态的过程，当一种意见尚未被监测到，并不说明这种意见消失了，而极有可能是暂时沉寂。通常这种意见会在某些事件中被激发，形成影响至深至远的舆论事件。

大众传播的经典理论假设“沉默的螺旋”描述了这样一种现象：人们在表达自己想法和观点的时候，如果发现自己赞同的观点受到广泛欢迎，就会积极参与、大胆表达，这一观点就会被不断扩散；如果发现自己的观点无人或很少人理会，就会选择沉默，如此一来，一方的沉默造成另一方意见的增势，循环往复，就会造成一方的意见越来越强大，而另一方的意见越来越沉默的螺旋发展过程。这一理论的前提是大多数个人会力图避免由于单独持有某种意见而被其他人孤立。然而，网络的匿名性在一定程度上打破了“沉默的螺旋”的理论假设，人们不再为了避免孤立而一味地沉默自己的“小众”观点，而是选择大胆地表达出来，在网络空间寻找“同道中人”，甚至促成少数意见逆袭，从隐匿转向主流，扭转网络舆论走向。

四、意见群体化

移动互联时期，网络舆论场上不断涌现出意见群体，如以70后、80后为主体的新兴中产群体，以90后、00后为主体的“小粉红”群体，以退休女性为主体的“大妈”群体，以及不断翻新的网络流行词汇“草根”“女神”“森女”“女汉子”“网红”等，都代表着活跃在网络舆论场上的一部分群体。网络舆论的意见群体化特征，是指舆论主体的意见比较突出地代表了所处群体对社会事件的观点和态度，同一群体的人在网络上相互声援、“抱团取暖”，体现了群体性价值观，影响着群体行动和集体记忆。

意见群体化主要是由于社会内部价值阶梯的差异化排序造成的，在特定社会环境下，社会共同体对不同价值会按照其受重视程度做出相对固定的排序，对这些价值的不同排序，也就是不同群体之间的区别，也成为意见群体化表达的基础。比如在子女教育和家庭温饱的排序问题上，低收入家庭必须首先考虑解决家庭温饱问题而将子女教育排位靠后，孩子有学上即可。新兴中产家庭基本实现小康，衣食无忧，正在谋求的是子女教育的最优化，他们一边在网上控诉教育不公、房价畸高，一边背负重债购买优质学区房产。因此，被低收入家庭认为是天方夜谭的“天价学区房”每每都成为中产家庭的痛点，屡屡成为网络舆论的热点话题。

五、围观促进社会改变

围观，在传统传播格局中，是“事不关己、高高挂起”的代名词。微博出现以后，“围观”有了新的内涵，象征着一种公共参与行为。网络空间自由出入、自由发声、自由分享，这些自由行动塑造了网络意见的“广场效应”：一呼百应、一帖千评、一文万转。通过围观，网络舆论大量介入公共事务，实现了对政府机构和社会事务的监督。2011年6月，江苏溧阳卫生局局长在微博上直播开房遭网民围观，当天就被停职。2017年1月，新华网发布《2016年度社会热点事件网络舆情报告》称，舆论进入“围观新常态”。移动互联网塑造的自媒体已经成为新兴的言论载体，成为网民介入公共事务的首选方式。

第四节　网络舆论的生成机制

一、网络舆论主体

网络舆论场上，热点频现，议题更迭，日夜喧嚣不停。近年来的社会热点事件往往在网上曝出，各类舆论主体随后纷纷入场，参与讨论，影响舆论走向。从对舆论生成和发展产生较大影响的角度出发，当前网络舆论场上活跃着的舆论主体至少包括三类：网民、传统媒体、网络搬运工和网络水军。

（一）网民

根据2017年8月中国互联网络信息中心发布的第40次《中国互联网络发展状况统计报告》，我国网民以10~39岁群体为主，网民中具备中等教育程度的群体规模最大，截至2017年6月，高中及以下学历网民占总体网民的79.4%，网民继续向低学历人群扩散。相对于现实交流的实体情境，网络是一种虚拟情境的沟通，每个人可以扮演自己虚拟的角色，而不必然受到现实群体、社会角色等约束，每个网民都可以简单、轻松地对社会热点事件交换意见，微博、微信等自媒体的出现，使网民在网络上的发言更为大胆、更有个性。

有研究通过对新浪微博的观察与统计发现，微博使得草根（笔者注：即普通网民）的声音得到放大，但真正被成倍放大的还是精英话语。[1]这些精英话语群体在微博等自媒体平台迅速崛起，通过在社会公共话题讨论中的鲜明观点和社会公益行动中的动员能力，成为普通网民关注的明星人物，一篇博文、一种意见，往往可以引发网络民意啸聚。然而他们虽然具备了现代公共知识分子的雏形，并可能成为未来社会发展的中坚阶

[1] 余红、李瑞芳：《互联网时代网络舆论发生机制研究》，华中科技大学出版社，2016年，第159页。

层，但是在当下，这些精英话语群体仍处于崛起的初级阶段，缺少社会精英阶层的成熟整一的社会素养，各种奇葩现象和缺乏底线的行为不时“刷新”世人三观，颇有“先天早产、后天缺养”之势。因此，这一群体目前在整体上仍然难孚民意，需要在未来的发展过程中进一步磨砺，不断自我更新，才有可能真正成熟起来，担当其未来的社会责任。

（二）传统媒体

1. 传统媒体是社会事件进入社会信息场域的关键推动力量

中国人民大学舆论研究所曾经对2010年到2014年所有的舆情事件进行调查统计，得出一个结论：95.7%左右的舆情事件均有传统媒体的参与。在互联网环境下，微博成为社会事件的首选曝光平台，在事件现场的网民可以“随时随地”地发送“此时此刻”的消息，即便如此，网络议题的扩散仍然需要经过传统媒体的报道，这个环节是网络信息由草根传播场域进入整个社会信息传播场域的必备环节。[1]网络公共事件需要得到传统媒体的参与才能进一步扩大影响，微博中的媒体机构与个人用户之间的互动加速了事件的演化升级。[2]2016年轰动一时的魏则西事件、雷洋事件等反映医疗监管制度问题、警察执法问题等的网络信息文本，之所以引起全民关注，关键在于传统媒体在某个节点的介入。而类似“揭黑”信息在各大论坛和微博平台上并不少见，但是并没有形成网络舆论事件，重要的原因就是传统媒体的“缺位”。这是因为，首先，每个传统媒体的背后都站着千千万万的受众群体，代表着大量新闻网站的转载率，传统媒体的“缺位”使得这些信息文本能吸附的注意力资源大打折扣；其次，传统媒体在信息过载的当代，是信息质量的担当，其“缺位”在很大程

---

[1] 李彪：《谁在网络中呼风唤雨：网络舆情传播的节点动力和动力机制研究》，人民日报出版社，2011年。

[2] 芦何秋：《微博意见领袖群体中媒体从业者社会责任的实证评估》，《新媒体社会责任蓝皮书：中国新媒体社会责任研究报告（2015）》，社会科学文献出版社，2015年，第203页。

度上让这些网络信息文本的可信度也易受质疑；再次，传统媒体在网络舆论场上是“沉默的螺旋”发生效应的启动器，但其“缺位”使得这一传播学规律无法发挥作用，无法形成“压倒性”的“主流”意见。

2. 传统媒体在形成网络舆论事件中的作用体现

作为影响网络舆论的关键性人物节点，传统媒体一般从以下两个方面发挥作用：

一是相对可靠的信源。传播学先驱麦克卢汉曾经说过“新媒体经常以旧媒介为内容”，传统媒体依然作为网络舆论场上最主要的信源而存在。传统媒体在互联网时代为社会提供低成本、高质量的信息，可以保障人们在更多领域的知情权。传统媒体和网络大众正在形成一种新的互动模式：大众设置社会议程、提供信息和发表意见，而专业的媒体则实现高效的内容聚合、意见梳理和价值提升。传统媒体作为内容的专业化生产者，其权威、可信、以少胜多、鞭辟入里的内容，更显其不可低估的价值。

传统媒体作为众声喧哗中的信源担当，在北京市西城区的网络舆论引导实践中得到了多次印证，甚至因此被称为舆情处置中各种信息的“定海神针”。2016年春节刚过，西城区文昌胡同爆出“天价”学区房，11.4平方米，530万，每平方米46万，网上一片哗然。西城区第一时间启动调查，邀请中央电视台记者一起实地走访，一路跟拍，用翔实的数据和扎实的调查，通过电视台澄清真相，《谁炮制了天价学区房？》《天价学区房子虚乌有》《北京“天价学区房每平46万”真相：无交易记录》等节目和视频很快通过中央电视台、人民网等大众媒体的多种传播渠道迅速传播，对肃清谣言、引导舆论起到了关键作用。

传统媒体“定海神针”的效力来自于网络自媒体所不具备的公信力。“2016媒体公信力调查”显示，媒体公信力最强的是电视，其次是报纸。[1]

---

[1] 人民网：《2016媒体公信力调查：网络媒体人民网公信力排名第一》，2016年8月2日，http://politics.people.com.cn/n1/2016/0802/c1001-28605575.html.

网民虽然以微内容等形式为网络舆论场不断贡献原材料，但是在中国人民大学舆论研究所的相关调查中，网民对60%以上的网络信息持怀疑态度，可信度仅仅40%左右，而传统媒体依据其长期形成的公信力资源，其报道被网民给予了最大程度的信任，因此减少了传播链条中网民对信息真伪的求证过程，大大提升了信息的传播效率。如此看来，传统媒体在网络舆论场上依然会长期发挥可靠的信源的重要作用。

二是网络舆论的放大器。美国政论家李普曼曾提出“拟态环境”的理论，认为在大众传播发达的社会，人们通过媒体营造的“拟态环境”来了解和认识世界，并据此对自身的行为做出调整。网络时代来临，受“拟态环境”影响而改变行为方式的不仅仅有网民，也包括了部分大众媒体。网络的喧嚣和热闹使得一些大众媒体有一种误解，他们将网民社会与现实社会等同起来，网上不管发生什么热门事件，都要去跟进报道，似乎唯其如此，才能在网络舆论场上找到存在感。2015年3月18日晚9:50左右，一则“新加坡总理公署发布关于李光耀逝世的声明”铺天盖地出现在网上，并在网上迅速传播，国内外传统媒体迅速跟进。半个小时后，传统媒体纷纷致歉，称被误导发生误报。在这场媒体集体乌龙导致突发舆论“闹剧”中，大众媒体强大的助推器功能和舆情放大能力为假消息漫天“飞”插上了“翅膀”。

更有甚者，在一些网络事件面前，一些媒体丧失了最基本的价值判断能力，自甘堕落，成为网络的附庸和所谓网络舆论的抵押品，大量的新闻旨趣在其“非意义”“伪意义”的部分，媒介消费主义盛行，没有底线地迎合网络噪音，给政府的舆论引导带来很大困扰。2016年6月，地处北京市西城区的北京第二实验小学白云路分校“毒跑道”事件正当热议，家长和社会密切关注操场和教室检验结果。6月14日下午，相关检测结果在新闻发布会现场公布，主管教育的副区长亲临发布会现场，正式道歉，公布整改措施，亮明负责到底的态度。发布会结束不到半个小时，《新京报》的报道就被推送至“今日头条”，但报道的内容仅仅是检测报告的部分内容，发布会的程序和其他内容被掐头去尾，未见天日。很快，在“今日头条”及其他媒介的互动界面上，网民几乎是一边倒的嘲讽、质疑，对政府不作为的声讨更甚。“在媒体的政治体制没有改变的情况下，这种以市场化改革为先导的新闻专业主义实践，一开始就带有娱乐化的宿命”，很多关乎生命、关乎未来的深刻议题，在娱乐化的步调下，无一例外变成了网民肆意的调侃和躲藏在调侃之后的失望与恐慌，时间一长，这些失望与恐慌难免转化为网络戾气，在新出现的突发事件中宣泄出来，给政府的舆论引导带来更大的挑战。

（三）网络搬运工和网络水军

1. 网络搬运工用转发完成突发事件网络舆论的量化积累

从广义上讲，网络搬运工是将信息从A搬到B的所有主体，从这个意义上讲，传统媒体、网络编辑等都属于网络搬运工，但是，本文所指的网络搬运工，是狭义的，主要是指网络舆论场中将新闻网站的新闻、论坛的帖子或微博的博文等从A地搬运或转发到B地的网民，他们的目的一般比较单纯，主要以分享或获取网民认可的精神收益为目标诉求，因此他们对搬运的内容一般不进行编辑或者仅做少量修改，使之能更吸引眼球。在现实网络信息空间，网络搬运工像蚂蚁搬家一样，不断地将信息从A场域转运到B场域、C场域、D场域……根据六度分割理论，网络搬运工只需要搬运5次，就可以将信息传播到整个网络信息场。他们是网络舆论场上信息流动的载体，在永不停歇的信息搬运中形成网络舆论的基调，并在一定程度上决定了网络舆论的走向。

根据中国人民大学舆论研究所的调查，网络搬运工的基本特征是：以年龄在30岁左右的高学历、一般收入的男性网民为主，主要是新移民阶层，在党政机关事业单位从事相对较轻松的工作。

2. 网络水军的“游击作战”促成网络舆论迅速集聚

一般认为，网络水军是以赚钱为直接目标的，由网络公关公司（“网络推手”或“网络打手”）临时在网上征集来为“宣传”或“打压”等某项网络活动进行短时间内大规模发帖、回帖，以人海战术产生集束效应从而达到哄抬舆论价值目的的特殊网络群体。由于网络上把发大量无意义的帖子称为“灌水”，加上这一群体规模比较庞大，有短时间内虚造民意的能力，因此被称为“水军”。这类群体在组织上比较松散，流动性大，事后一哄而散。水军成员也有专职和兼职之分，基本分布在各个QQ群，资源共享，他们也不属于哪一个公司，而是哪里“有活儿”就接，干完就散。

根据中国人民大学舆论研究所的调查，网络水军的基本特征是：以27岁以下拥有高中学历的男性青年为主，以无业/下岗/失业、学生和自由职业者这三类群体为主，平均月收入2000元以下，网龄3年左右，分布在市级及其以下区域。

二、网络舆论发生发展规律

（一）网络舆论发展的六个阶段

根据网民关注度的变化，可以将网络舆论的发展划分为六个阶段，依次是潜伏期、爆发期、蔓延期、反复期、缓解期、长尾期，其变化路线如图2所示。

潜伏期：网络环境中，社会事件往往能快速形成话题，潜伏期一般都很短。另一方面，移动互联的传播环境下，传媒生态被彻底重构，扁平化的网状传播极大地缩短了网络民意的聚集时间，突破了传统传播模式的空间限制，社会事件的网络舆论潜伏期为0的事件比例接近80%。根据测算[1]，潜伏期的平均时间为1.7天，意味着突发事件发生后1.7天，就可以从线下现实世界进入线上网民视野，并开始在网上扩散，一些传统媒体、网络大V可能会对事件开始关注。

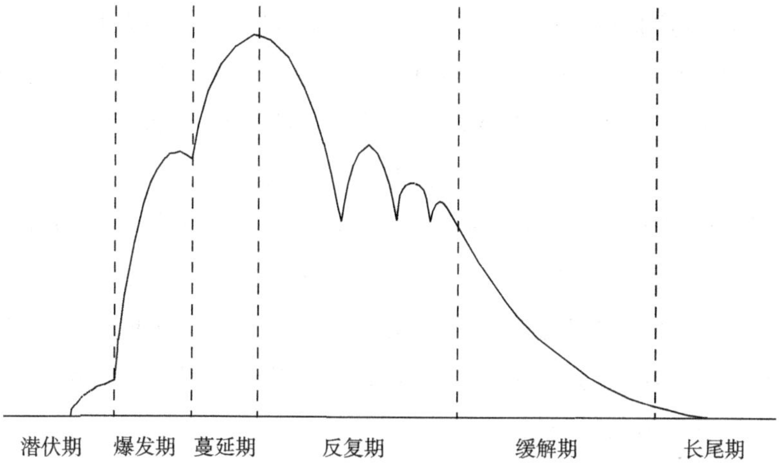

图2　网络舆论发展的六个阶段

爆发期：这是社会事件在网上曝光后，网民集体围观、评头论足、“津津乐道”的阶段，随着话题数量增多，相关网络舆论也呈急速爆发的态势。这个阶段，往往以传统媒体的介入为标志，推动突发事件网络舆论成为全社会公共话题。这一阶段的平均时间为2.3天，50%以上的事件的爆发期都在1天左右。

蔓延期：作为爆发期在时间上的延续，在这个阶段会达到整个事件的高潮。其界限和分野不像传统媒体环境下那么清晰可辨，爆发期加蔓延期大约5.6天就可以使事件传遍整个网络。蔓延期平均时长1.6天，这

[1] 传播学者喻国明、李彪根据相关网络事件的发展变化和时段，依据百度搜索中搜索指数变化的示意图，对各阶段的时间进行了测算，并将测算结果融入著作《社交网络时代的舆情管理》之中。

一阶段类似“火上浇油”,网络舆论的聚集和扩散仍然显得十分凶猛,往往在短时间之内迅速到达舆论的危机峰值,触发舆情高危预警,80%的事件蔓延期仅为2天,这也是为什么有些突发事件一旦发生,就可以很快在整个网络蔓延的原因。

反复期:这是网络舆论发展的一个特有阶段,在传统媒体环境下,由于社会话语权基本掌握在大众媒体手里,一旦政府力量介入,媒体达成某种共识集体“失语”,民众获得信息的渠道被堵塞,事件很快就可以“平息”。但在网络环境下,话语权分散,信息传播渠道多元且不完全可控,很多网民出于各种主观诉求的驱使,积极介入还原事件真相的进程,使得事件的相关话题不断以爆料的形式出现,这种碎片化的事件还原方式,促使网络事件的传播不断出现反复甚至反转。反复期的平均时长为42.9天,一定程度上也是网民之间打口水仗的时间,同时也是政府引导网络舆论可有作为的时间段。

缓解期:这一阶段一般是迫于网络民意的压力,政府力量或其他社会力量介入之后,事情开始得到解决。再加上网络上永远不缺乏新鲜话题,民众的好奇心、知情权以及兴趣点开始转移,网络关注开始消退。缓解期平均时长19.2天,50%左右的事件缓解期为10天。

长尾期:随着话题的兴趣衰退和新的兴趣点出现,网民的关注度会继续下降,但由于利益诉求多元,会有部分网民对某一事件保持持续关注,甚至“死磕”。此外,一些重大的突发事件被作为社会集体记忆被网民不断提起,并且随着新的网民介入、科学研究等其他变量的增加,即便事件本身已经得到了解决,其所引起的舆论地震仍然余震不断,从而进入漫长的长尾期。

(二)网络舆论演化的阈值

从理论上讲,上述六个阶段在网络舆论演进的过程中,从一个阶段过渡到另一个阶段存在一个阈值,网民的关注一旦达到了该阈值,便意味着网络舆论进入了新的阶段。如图3所示。

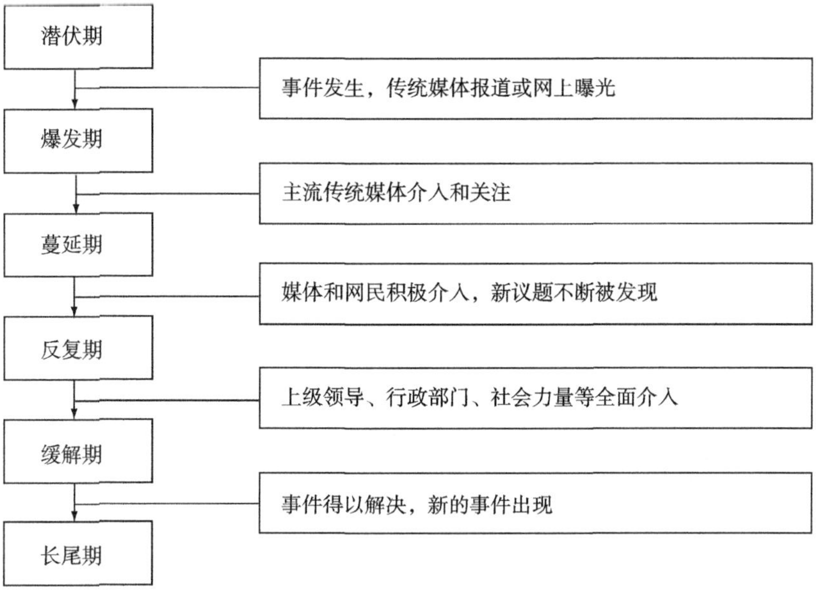

图3　网络舆论演化各阶段阈值示意图

从近年来网络热点事件的演变实践来看，无论是网络舆论发展的阶段，还是阈值，都是一个动态的进程。范雨素一夜之间爆红网络，北京和颐酒店女生遇袭几个小时就传遍朋友圈……社会事件从一般事件“晋升”为热点事件的潜伏期不断缩短。爆发期和蔓延期相互焦灼、同步推进，趋向不分彼此、合二为一。舆情反转等变量为热点事件增添了更多反复的元素，使反复期向演化周期前后延伸，呈现出在蔓延中反复、在反复中缓解的态势。

第二章　网络舆论引导的语境分析

网络舆论引导，简言之，就是对网络空间关于某个话题的主流意见进行方向性的干预和引领。广义的网络舆论引导是一个系统工程，包含舆情监测、舆情分析、舆情研判和舆情干预，舆论引导既包括体制机制建设，也包括思路和方法的探讨。狭义的网络舆论引导特指对网络主流意见进行干预的过程，主要包括思路、原则和方法等内容，这种舆情干预不是凭空孤立进行的，而是在一定的语境之下进行的有针对性的行动。波兰人类学家马林诺夫斯基把语境分为文化语境和情境语境两类，文化语境即社会文化背景，情境语境即言语行为发生时的具体情景。我们讨论网络舆论引导，必须首先考虑到时代变化、社会环境、文化背景等因素的影响，因为不管是网络舆论本身，还是网络舆论引导的行为，都是在特定语境的范畴下产生，并对其产生影响的。

第一节　时代变迁

一、移动互联全面到来

（一）手机网民持续增长

根据中国互联网络信息中心（CNNIC）发布的《第34次中国互联网络发展状况统计报告》的统计，截至2014年6月，我国手机网民规模达到

5.27亿，较前一年增加2699万人，网民中使用手机上网的人群占比进一步提升，由2013年的81%提升至83.4%，手机网民规模首次超越传统电脑网民规模，宣告正式开启移动互联时代。2014年11月，浙江乌镇，世界互联网大会上，马化腾曾对移动互联传播基数有过形象的量化说明：在传统电脑时代，每个人平均每天花在互联网上的时间是2.8个小时，在移动互联时代，每个人花在互联网的时间是16个小时，每天2.8个小时乘以12亿台电脑，和16小时乘以45亿台智能终端，这个就是智能互联网和移动互联网的区别。

2017年8月4日，CNNIC发布《第40次中国互联网络发展状况统计报告》指出，截至2017年6月，中国网民规模达到7.51亿，其中手机网民规模7.24亿，占网民总数的96.3%，手机上网比例持续提升，移动互联主导地位强化（如图4所示）。

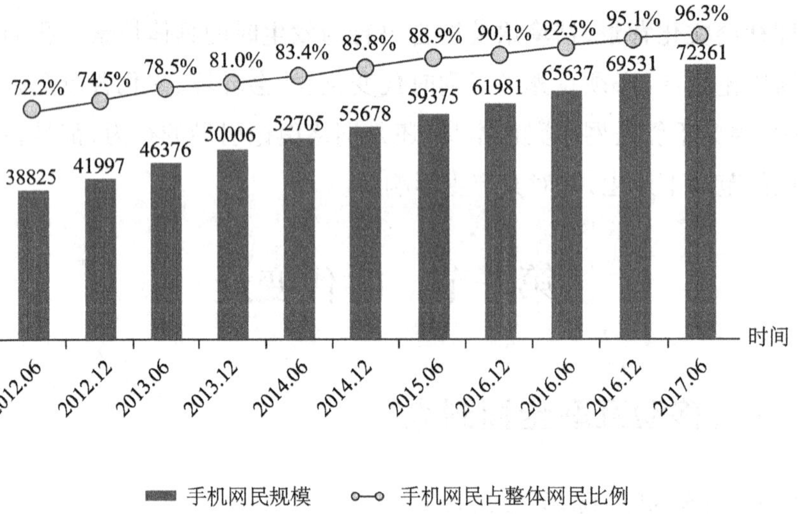

图4　中国手机网民规模及其网民比例

数据来源：CNNIC中国互联网发展状况统计报告。

CNNIC的2017年统计报告认为，移动互联网发展依然是带动网民增长的首要因素。2016年，我国新增网民4299万人，其中使用手机上网的群体占比达到80.7%，较2015年增长9.2个百分点，使用台式电脑的网民占比下降16.5个百分点，移动互联时代全面到来、深入发展（如图5所示）。[1]截至2017年6月，我国手机网民增加2830万人，移动互联进入稳健发展期。[2]

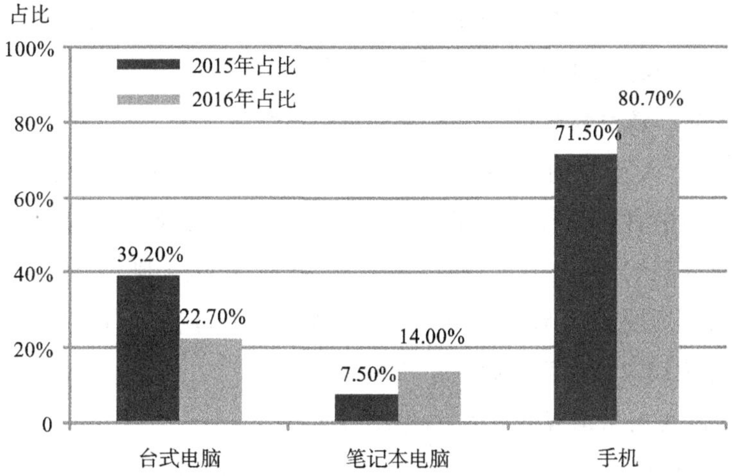

图5 2015年与2016年新网民互联网接入设备使用情况比较

数据来源：CNNIC中国互联网络发展状况统计调查

（二）新媒体应用快速普及

互联网技术不断升级换代，新媒体应用不断拓展功能，迅速覆盖企业、个人、政府等不同的用户群体。根据中国互联网络发展状况统计系列报告，可以看出：

---

[1] 中国互联网络信息中心：《第39次中国互联网络发展状况统计报告》，2017年1月。

[2] 中国互联网络信息中心：《第40次中国互联网络发展状况统计报告》，2017年8月。

1. 企业正在转向移动营销市场

在开展过互联网营销的企业中，通过移动互联网进行营销推广的比例为83.3%，比2015年的46%增长近一倍，其中高达67.8%的企业使用了付费推广。随着消费者向移动互联网全面转移，专注于移动互联网营销推广的产品逐渐成熟，并得到企业客户的认可和接受。可以预见，在未来较短的时间内，移动互联网营销推广的使用比例将逐渐接近整体互联网营销推广比例，市场规模保持快速增长。2016年，在各种移动营销推广方式中，微信营销推广使用率最高，为75.5%，移动社交推广、企业官方客户端等新媒体推广也占到了74.7%。❶

2. 个人移动端应用几乎覆盖生活所有场景

我国个人互联网应用保持快速发展，并几乎能覆盖到生活所有场景，即时通信、网络新闻、手机搜索、网络视频、网络音乐、网上支付、网络购物、网络游戏、网上银行、网络文学、旅行预订、电子邮件、论坛、互联网理财、网上炒股或炒基金、微博、地图导航、网上订餐、出行、医疗、政务、众筹、慈善，等等，都可以通过手机端来实现。

3. 政府利用新媒体开展工作成为常态

2015年2月，中央网信办在“政务新媒体建设发展经验交流会”上提出“两微一端”政务新媒体的概念。当前，政府网站、政务App、政务微博、政务微信公众号、政务头条号等互联网政务应用，成为党政机构进行权威发布、回应公众关切的重要平台。同时，网民在线政务服务使用率已经超过线下政务大厅及政务热线使用率。截至2016年12月，我国在线政务服务用户规模达到2.39亿，占总体网民的32.7%；对在线政务服务表示非常满意和比较满意的用户达到48.5%。❷

❶ 中国互联网络信息中心：《第39次中国互联网络发展状况统计报告》，2017年1月。

❷ 中国互联网络信息中心：《第39次中国互联网络发展状况统计报告》，2017年1月。

（三）微媒介舆论影响越来越大

当前，以微博、微信为主导的网络舆论场风起云涌，力量凸显，社会已全面进入微时代。微博在2010年就已成为网民爆料的首选渠道，微信利用朋友圈人际传播的高私密性、高信任度的特征实现在最短时间内裂变式扩散信息。与此同时，微传播格局正在经历着新一轮调整：微博经历过用户量影响力一家独大到短暂式微之后，开始强势回归，在社会热点事件、重大事件、突发事件中表现越发沉稳冷静；微信在庞大的用户基础上，依靠朋友圈辐射影响力；新闻客户端由于其强大的专业性和公信力成为网络舆论生态的生力军。

二、"互联网+"成为时代基因

"互联网+"并不是一个新名词，2012年11月14日，在易观第五届移动互联网博览会上，易观国际董事长兼CEO于扬首次提出"互联网+"理念。[1]他认为，"在未来，'互联网+'公式应该是我们所在的行业目前的产品和服务，在与我们未来看到的多屏全网跨平台用户场景结合之后产生的这样一种化学公式。"2015年，国务院提出制定"互联网+"行动计划，"互联网+"当之无愧成为年度新锐词汇。如今，"互联网+"已经不仅仅是一个公式、某种模式，更成为一种时代基因。

（一）"互联网+"的发展历程

互联网于1994年正式进入中国，二十多年来，互联网对经济发展、文化建设、社会生活等各方面的影响日益深入，截至2016年12月，中国网民规模达到7.31亿，互联网普及率为53.2%，超过全球平均水平3.1个百分点，超过亚洲平均水平7.6个百分点。中国企业已基本实现互联网全面普及。[2]

---

[1] 岳蔚敏、康冀楠：《"互联网+"时代到来》，《开封日报》，2015年4月22日第9版。

[2] 中国互联网络信息中心：《第39次中国互联网络发展状况统计报告》，2017年1月。

1."互联网+"第一阶段:门户时代(1994—2002年)

门户时代以Web1.0为基础,典型特征是信息单向传播,交互性不强。1996年起,搜狐、网易、新浪三大门户网站相继成立,是门户时代的标志性事件。这一时期,互联网继承了20世纪90年代美国互联网产业的"免费思想",通过提供免费服务吸引用户,增加网站访问流量,再将流量导入广告或游戏来盈利。门户时代的商业模式相对简单,以流量为核心,主要由内容服务商、渠道、广告主和用户组成参与方,供需均在线上完成。

2."互联网+"第二阶段:搜索时代(2002—2009年)

搜索时代以Web2.0为基础,是搜索与社交的时代,其典型特点是交互性,用户生产内容,实现了人与人之间的双向互动,百度、淘宝、京东等互联网巨头出现,实现了线上互动延伸至线下交易。在这一阶段,"互联网+"展现出对传统行业的改造能力,不同行业出现了各种不同的商业模式,创业门槛大大降低,全民创业成为可能。在智能手机出现之前,网站信息技术主要运用于一些新闻门户网站、论坛、E-mail、电脑在线聊天工具等,客户端局限于电脑终端,终端技术还未呈现多样化发展,电脑终端的用户基本就是网民规模数。

3."互联网+"第三阶段:大数据时代(2009年至今)

大数据时代是Web3.0时代,是以智能移动设备为代表的移动互联网的鼎盛发展时期。智能手机出现,云计算和大数据技术发展,终端多样化使用普及,数据成为这一时代的新的生产要素。人们欢欣鼓舞地迎接移动互联,享受"互联网+"带来的生活便利。从传播视角来看,微博、微信、客户端等自媒体应用迅速普及,传统传播格局被颠覆,舆论场上从此日夜喧嚣,各种意见博弈不止。

(二)"互联网+"渗透几乎所有行业产业

"互联网+"是什么,简单地说,就是"互联网+传统行业"。在"互联网+"的推动下，制造业、传媒、通信、物流、医疗、教育、购物、旅游、餐饮、出行等几乎所有传统行业已经实现了与互联网的融合与重构，形成了新的平台，产生了新的应用：互联网+传统广告成就了百度，互联网+传统集市成就了淘宝，互联网+传统百货成就了京东，互联网+传统银行成就了支付宝，互联网+传统安保服务成就了360，互联网+传统的红娘成就了世纪佳缘……

从本质上来讲，"互联网+"代表的是一种新型的经济形态，在社会生产要素配置中优化和集成互联网的作用，将互联网的创新技术融合在经济社会各领域之中。它对传统行业不是颠覆，而是换代升级。随着"互联网+"的深入，这种换代升级正在从第三产业向第二、第一产业渗透。第二产业方面，互联网汽车、智能制造、工业4.0等全面启动，蓄势待发，留给人们极大的想象空间。第一产业方面，由于其自身特点，它被互联网改造升级的速度是缓慢的，深度也是有限的，围绕三农问题，"互联网+"刚刚起步，分布式的清洁能源、农产品质量追溯、农资电商等方向都是很重要的。[1]从长远来看，"互联网+"要实现的是第一、第二、第三产业的联动，通过农业劳动生产率的提高，释放更多的劳动力进入第二、第三产业，加快城市化进程，让更多的人享受到"互联网+"带来的科技红利。

（三）"互联网+"上升为国家战略

"互联网+"的发展与国家战略层面的顶层设计和政策导向密切相关。2006年的"移动通信"，2010年的"电子商务"和"物联网"，2014年的"信息消费""大数据""互联网金融"等时髦词汇，都被写入当年的《政府工作报告》，意味着相关领域已经上升至国家战略层面。2015年3月"互联网+"出现在《政府工作报告》中，并首次提出制定"互联网+"行动计划，即推动移动互联网、云计算、大数据、物联网等与现代制造业结合，促进

[1] 中国网财经：《刘志硕：熊抱伟大的互联网+时代》，2015年9月14日，http://finance.china.com.cn/news/zjsd/20150914/3341048.shtml.

电子商务、工业互联网和互联网金融健康发展，引导互联网企业拓展国际市场。2015年7月，国务院《关于积极推进“互联网+”行动的指导意见》正式发布。2015年10月，党的十八届五中全会提出，要实施网络强国战略，实施国家大数据战略。

“互联网+”上升至国家战略的高度，至少有三个方面的考虑：一是中国网民数量已居世界第一，互联网深度介入人们的日常生活。但是我们在自主创新方面还相当落后，区域和城乡差异比较明显，特别是人均带宽与国际先进水平差距较大，国内互联网发展瓶颈仍然比较突出。在这种情况下，推进互联网基础设施建设，提供更高效的互联网服务，是关系到民生福祉的大事。二是“互联网+”已经或正在重塑国民经济的各个领域、各个行业，成为经济转型升级的支点，因此，推动互联网发展，实施科技创新，是提高我国社会生产力和综合国力的战略支撑。三是随着世界各国触网进程不断深入，互联网成为国家主权的重要阵地，网络信息安全事件、国际敌对势力利用互联网进行意识形态斗争等，成为国家安全新的威胁因素。因此，加强互联网管理，与国际共享共治，也是维护国家主权、安全和发展利益的战略需要。

三、新媒体接入社会秩序建设

1948年美国政治学家拉斯韦尔发表论文《社会中传播的结构与功能》，他认为媒体有三个最明显的功能：环境监测、为了适应环境而使社会各部分建立相互关系、传承遗产。后来的研究者在他的基础上，进一步提炼媒体的三个重点功能：环境监测、联系协调、文化传承。查尔斯·赖特又加上了“娱乐”功能，形成了媒体的“四功能说”。[1]

当前，移动互联深度嵌入政治经济和社会民生之中，以互联网和手

[1] 黄河：《新媒体发展与社会管理》，中国传媒大学出版社，2013年，第31页。

机为传播平台的新媒体❶为政府、社会组织和公民创造了开放自由的公共表达场域，通过其自我协调，新媒体越来越多地参与到社会秩序建设中，并将传统媒体的社会功能有所拓展和深化。

（一）对政府

1. 搜集社情民意

由于新媒体的信息搜集、整合与传播能力得到了极大提升，新媒体的“耳目”功能正在为政府准确探知民意发挥作用。首先，在民意监测范围上，新媒体不仅可以有效地搜集和呈现外部环境正在发生的变化，还能够规模化地汇集公众对这些变化的反应；其次，在传播速度上，新媒体在信息的采集、制作和传播方面更具有时效性，更容易搜集到新鲜、真实的社情民意；最后，在传播方式上，新媒体既可以按照搜索、链接等方式使政府快速获得需要的信息，又可以根据政府的使用习惯为政府建立个性化模型并适时推送信息。

2. 提供决策依据

新媒体依靠计算机技术与网络技术，通过设置各种指标参数，借助软件计算出信息的重要性排序，信息整理和分析的速度、效度和精准度都非传统媒体可比。对政府来说，群众是施政的基础，必须问需于民才可知冷暖，问计于民才可知虚实。通过新媒体平台，政府与群众零距离对话，一方面将政府的政策、方针、思路、执政情况等信息及时传递给群众，另一方面根据群众的意见和建议调整行政行为、政策设计。近年来，两会代表通过微博搜集意见、形成议案提案，各级政府开通新媒体渠道

❶ 这里的“新媒体”指的是以数字技术为基础、以网络和手机为载体进行信息传播的媒介。它是相对于传统媒体（如广播、报纸、杂志、电视）的一个比较宽泛的概念，包括传统媒体机构的融媒体形态（网站、法人微博、微信公众号、新闻客户端）、政府网站、政务微博微信、网络社区以及社会机构、个人微博微信等自媒体账号等，在这些新媒体平台上，能够实现所有人对所有人的传播。

进行网络问政、为决策提供依据,已成风尚。

3. 进行宣传发布

政府的信息发布,一般分为常规信息发布和重大(突发)事件的信息发布。相对于传统媒体,新媒体在发布常规信息方面具有更新速度快、信息覆盖面广等优势。在重大(突发)事件信息发布中,新媒体的即时发布、动态更新、快速响应都让政府有了更大的话语权和主动权。2017年3月,二维码上了《政府工作报告》首页,扫描后人们即可看到一个跳动的H5页面,用动画视频和图表,对政府工作完成情况进行解读,以更直观的方式呈现给公众,这一富有新意的尝试引来一片赞誉。有媒体预言,“二维码甚至VR(虚拟现实)互联网技术接连应用于政府工作报告和两高报告,或将成为今后两会的惯例。”[1]

(二)对社会

新媒体对社会是把双刃剑,一方面它促进信息快速流动,平衡社会话语权配置,使社会运行更高效,但另一方面,它也增加了新的社会失范,如网络谣言、网络审判、网络暴力、网络诈骗、网络侵权等,严重干扰社会正常秩序。从社会秩序建设的角度看,新媒体通过宣传、组织、引导等多种方式鼓励和发动公众参与社会活动,利于政府与公众之间建立良好关系。

1. 消减社会风险

我国正在经历社会转型期,各种社会矛盾频发,微博等自媒体平台使用的便捷性、匿名性、开放性等特点,使得社会负面情绪更容易在网络上郁结,躁动不安,影响甚至危害社会秩序。这种情形下,一些新媒体通过为公众提供表达利益诉求、宣泄情绪、寻求对话、展开协商等渠道和空间,利于公众获得代偿性满足,从而一定程度上发挥了社会情绪缓冲带、减压阀的作用,消减社会风险。

[1] 王丹:《二维码体现政务公开新意》,《光明日报》,2017年3月15日第7版。

2. 应对社会危机

一方面，新媒体动员公众参与到危机的信息传播中，提升信息的传播效果。其中，危机的发生原因、破坏程度、应对进展等事实性信息，通过新媒体及时、全面地发布，并吸引公众自主转发、传播，可以让更多的人准确客观地了解危机，缓解社会危机状态中公众的恐慌情绪、消除危机可能引发的不安定因素。在应对危机中所传递出来的价值诉求等情感性信息，经由新媒体平台扩散，在网络空间达到情绪共振、人际共情的效果，能有效动员公众齐聚力量，形成共同渡过难关的强大精神动力。另一方面，新媒体组织动员行动可以有效弥补危机应对主体在资源、能力上的局限。近年来，每逢地震等灾难，微博上自发寻人、报平安、募捐等活动，成为抗震救灾的信息链接站和资源整合区。

3. 进行网络辟谣

在传统媒体时代，谣言主要产生于人际传播之中，且受到人的活动空间限制，谣言的传播速度较慢、传播范围较窄，所造成的社会影响也相对有限。移动互联时代，网络给谣言插上了翅膀，谣言突破时空限制，在短时间内大规模扩散，对社会的危害性更大。目前，越来越多的新媒体将辟谣作为自己的责任，监控平台内信息，及时发现谣言并采取相应措施，将来自权威机构、专家和网民的辟谣信息通过加精、置顶方式加大谣言曝光率，借助微博、微信、客户端等多渠道推送辟谣信息，形成与传统媒体联动配合的辟谣格局。

（三）对网民

1. 提供沟通对话平台

当前，我国社会多元利益主体共存，多样利益诉求交织，利益关系的协调与平衡迫切需要高效的沟通对话渠道。在多主体展开对话的过程中，自由表达、意见碰撞、消弭矛盾、形成共识，从而构建共存共生的命运共同体生态。相对于传统媒体，新媒体所具有的草根、平等、开放、互动等特征，与沟通对话的内核高度契合，为各类社会主体搭建了一个更实时有效的对话平台：一是新媒体平台上，所有网民都可以平等自由地参与讨论，形成一对一、一对多、多对多的对话，社会意见得以更充分、更多元的表达。二是新媒体实现了话语权下沉，普通网民可以更主动、更便捷地发起话题、参与讨论，一定程度上平衡了话语权的社会配置。三是新媒体提供了低成本的互动，利用新媒体的沟通对话，大大节约了时间、精力、财力等社会资源，从而更容易形成制度性的对话，为决策提供程序合法性。

2. 教育网民

作为大众媒体的一部分，在报道和分析社会矛盾以及相关的社会事件上，新媒体对网民的影响力越来越强，很大程度上左右着网民对社会问题、社会事件的判断。近几年来，在网络舆论场上，以责任意识、法律意识、权利意识为主的公民意识不断在各类社会热点事件中闪现，越来越多的网民借助新媒体主动参与到社会秩序建设中来。但是，不可否认的是，网民素质参差不齐，网络上并不缺少丧失理性的狂欢，甚至“多数人的暴政”。对此，新媒体空间更需要发挥专业精神、职业素养与社会责任意识，平衡各方力量，向社会传递更多融合理性的、有建设性的内容，引导网民正确参与到公共事务的讨论中来。

3. 形成解决方案

当前，在新媒体平台上，聚集着可以对社会热点事件走向产生影响的三种力量，一是具有深厚的生活积累、实践经验、细微体察的社会公众，二是拥有管理权力、专业知识、行业地位的政府官员、专家学者、行业领袖，三是精通某一领域、具有专业解答能力的行业精英，他们针对某一热点社会问题、社会矛盾、突发事件等发表观点和看法，为问题和矛盾的解决以及措施、方案的优化提出建议，提供解决方案。近几年来，致力于分享专业知识、经验和见解的知乎社区，立志让科学流行起来的果壳社区等，都在社会热点事件中积极参与，运用通俗易懂的语言解读专业问题，影响事件发展。

第二节 社会环境

党的十八大以来，以习近平同志为核心的党中央高度重视新闻舆论工作，多次研究有关问题，作出重要部署。党和政府对舆论引导相关工作，连续出台管理办法和规章制度，加强对网络舆论的管理。

一、网络舆论工作有新思路

习总书记高度重视舆论引导工作，就如何做好新形势下的舆论引导工作做出了一系列重要论述，为开展具体工作指明方向。

（一）明确网上舆论工作地位

2013年8月，习近平总书记在全国宣传思想工作会议上发表重要讲话，强调“根据形势发展需要，我看要把网上舆论工作作为宣传思想工作的重中之重来抓。”“要依法加强网络社会管理，加强网络新技术新应用的管理，确保互联网可管可控，使我们的网络空间清朗起来。做这项工作不容易，但再难也要做。”[1]

（二）强调创新

2013年8月，习近平总书记在全国宣传思想工作会议上发表重要讲话，“今天，宣传思想工作的社会条件已大不一样了，我们有些做法过去有效，现在未必有效；有些过去不合时宜，现在却势在必行；有些过去不可逾越，现在则需要突破。‘不日新者必退。’‘明者时而变，知者随事而

---

[1] 中共中央文献研究室编：《习近平关于全面深化改革论述摘编》，中央文献出版社，2014年，第83、84页。

制。'做好宣传思想工作,比以往任何时候都更加需要创新。"❶

2014年2月27日下午,习近平总书记主持召开中央网络安全和信息化领导小组第一次会议,并发表重要讲话,指出"做好网上舆论工作是一项长期任务,要创新改进网上宣传,运用网络传播规律,弘扬主旋律,激发正能量,大力培育和践行社会主义核心价值观,把握好网上舆论引导的时、度、效,使网络空间清朗起来。"❷

(三)强调正面引导

2013年11月,针对网络舆论管理,党的十八届三中全会提出明确要求:"健全网络突发事件处置机制,形成正面引导和依法管理相结合的网络舆论工作格局""推动传统媒体和新兴媒体融合发展","重视新型媒介运用和管理,规范传播秩序。"❸2016年2月19日,习近平总书记在党的新闻舆论工作座谈会上强调:"必须从党的工作全局出发把握党的新闻舆论工作,做到思想上高度重视、工作上精准有力。""必须把政治方向摆在第一位,牢牢坚持党性原则,牢牢坚持马克思主义新闻观,牢牢坚持正确舆论导向,牢牢坚持正面宣传为主。"❹

(四)提出依法管网

2014年10月,党的十八届四中全会《中共中央关于全面推进依法治国若干重大问题的决定》提出,要加强互联网领域立法,完善网络信息服

❶ 中共中央文献研究室编:《习近平关于全面深化改革论述摘编》,中央文献出版社,2014年,第84页。

❷ 新华网:《习近平:把我国从网络大国建设成为网络强国》,2014年2月27日,http://news.xinhuanet.com/politics/2014-02/27/c_119538788.htm.

❸ 人民网:《〈决定〉:形成正面引导和依法管理相结合的网络舆论工作格局》,2013年11月15日,http://cpc.people.com.cn/n/2013/1115/c164113-23559518.html.

❹ 人民网:《习近平:坚持正确方向创新方法手段提高新闻舆论传播力引导力》,2016年2月19日,http://politics.people.com.cn/n1/2016/0219/c1024-28136159.html.

务、网络安全保护、网络社会管理等方面的法律法规，依法规范网络行为。[1]紧接着，党和国家部门密集出台了一系列法律、法规、规章、办法、制度，等等，编织依法管网的法律谱系，本节第二部分会有详细论述，在此不做赘述。

（五）新的网络舆论观

2016年4月19日，习近平总书记在网络安全与信息工作座谈会上发表重要讲话，确立了新网络舆论观，这些观点也成为新时期网络舆论工作的价值指向和方法论。

在价值指向上，总书记指出："网民来自老百姓，老百姓上了网，民意也就上了网。群众在哪儿，我们的领导干部就要到哪儿去，不然怎么联系群众呢？各级党政机关和领导干部要学会通过网络走群众路线，经常上网看看，潜潜水、聊聊天、发发声，了解群众所思所愿，收集好想法好建议，积极回应网民关切、解疑释惑。善于运用网络了解民意、开展工作，是新形势下领导干部做好工作的基本功。各级干部特别是领导干部一定要不断提高这项本领。"同时，总书记还提出"让互联网成为我们同群众交流沟通的新平台，成为了解群众、贴近群众、为群众排忧解难的新途径，成为发扬人民民主、接受人民监督的新渠道。"[2]

在方法论指导上，总书记指出，对广大网民，"要多一些包容和耐心，对建设性意见要及时吸纳，对困难要及时帮助，对不了解情况的要及时宣介，对模糊认识要及时廓清，对怨气怨言要及时化解，对错误看法要及时引导和纠正。""对网上那些出于善意的批评，对互联网监督，不论是对党和政府工作提的还是对领导干部个人提的，不论是和风细雨的还是忠

[1] 人民网：《人民网评：以互联网立法规范网络秩序——四中全会"依法治国"系列评论之十七》，2014年11月2日，http://opinion.people.com.cn/n/2014/1102/c1003-25957285.html.

[2] 新华网：《习近平在网信工作座谈会上的讲话全文发表》，2016年4月25日，http://news.xinhuanet.com/politics/2016-04/25/c_1118731175.htm.

言逆耳的，我们不仅要欢迎，而且要认真研究和吸取。”哪怕错误的批评，也要理性对待，因为“网民大多数是普通群众，来自四面八方，各自经历不同，观点和想法肯定是五花八门的，不能要求他们对所有问题都看得那么准、说得那么对。”[1]这些思想观点极富方法论意义，并且有很强的现实针对性。

二、系统治理体系逐步成型

（一）中央到地方成立“网信领导小组”

2014年2月27日，中央网络安全和信息化领导小组成立，习近平任组长，李克强、刘云山任副组长。会上习近平总书记做了重要讲话，并审议通过了《中央网络安全和信息化领导小组工作规则》《中央网络安全和信息化领导小组办公室工作细则》《中央网络安全和信息化领导小组2014年重点工作》。28日，江西省就成立了江西省网信领导小组。截至当年7月初，共有江西、北京、陕西、吉林、江苏、贵州、山东、湖北、河南、四川10省市成立了“网信领导小组”，并出台工作规则和年度工作要点。各地的网信领导小组多数采用了“一正二副”的模式配备领导，即由省（市）委书记担任网信领导小组组长，两位副组长分别由省（市）长、省委专职副书记出任。[2]社会各界对网信领导小组寄予厚望，以往很多部门都涉及网络信息安全建设规划，职能交叉、权责不一、效率不高。中央到地方的网信领导小组的成立，对于解决信息管理体制中存在的“九龙治水”问题有重要的推动作用，对规划战略、整体协调、加强对网络安全和信息化领导也会产生影响。

除了国家安全层面的考虑，由于互联网已经深入日常生活，网络生

[1] 新华网：《习近平在网信工作座谈会上的讲话全文发表》，2016年4月25日，http://news.xinhuanet.com/politics/2016-04/25/c_1118731175.htm.

[2] 《全国10省份已成立“网信领导小组”》，《新京报》，2014年7月7日第A11版。

态的健康状况直接关系到人们的生活质量。网络上谣言翻飞、个人信息泄露、骚扰电话、网络诈骗等乱象，都需要进一步加强监管和整治，正如专家所指出的那样，依法加强网民权益的保护[1]，有效解决现在群众普遍反映强烈的问题，也应该纳入网信领导小组工作的重点。

(二)密集出台网络管理法律规章

从2013年开始，最高人民法院、最高人民检察院、国家互联网信息办公室等陆续出台专门的法律规章，规范网络行为，肃清网络乱象，依法管网治网，维护网络生态。

2013年9月9日，《最高人民法院、最高人民检察院关于办理利用信息网络实施诽谤等刑事案件适用法律若干问题的解释》(以下简称《解释》)(即“两高”司法解释)公布，共十条，主要规定了六个方面的内容：一是利用信息网络实施诽谤的司法认定，包括“捏造事实诽谤他人”“情节严重”“严重危害社会秩序和国家利益”及数量累计问题；二是利用信息网络实施寻衅滋事的司法认定；三是利用信息网络实施敲诈勒索的司法认定；四是利用信息网络实施非法经营的司法认定；五是利用信息网络实施上述犯罪的共同犯罪、犯罪竞合及处断原则；六是关于信息网络范围的界定。针对当时堪称“疯狂”的网络诽谤，《解释》有明确的规定，如同一条诽谤信息实际被点击、浏览次数达到5000次以上，或者被转发次数达到500次以上的，被认定为“情节严重”；造成被害人或者其近亲属精神失常、自残、自杀等严重后果的，被认定为“情节严重”；引发群体性事件的、引发公共秩序混乱的、诽谤多人造成恶劣社会影响的，都被认定为“严重危害社会秩序和国家利益”，并适用相应的量刑。

---

[1] 2014年12月3日，《中国信息安全》杂志编辑部邀请网信办及国家相关主管部门、科研院所、协会、产业界等专家代表举行座谈会，中华全国律师协会信息网络与高新技术专业委员会委员胡钢律师、12321网络不良与垃圾信息举报受理中心副主任郝智超都在座谈会上提出要依法保护网民权益的观点。

2014年8月7日，国家互联网信息办公室发布《即时通信工具公众信息服务发展管理暂行规定》即“微信十条”，内容包括：服务提供者从事公共信息服务需取得资质；强调保护隐私；要求用户实名注册，并遵守“七条底线”；规定公众号需审核备案；时政新闻发布设置了权限，新闻单位、新闻网站开设的公众账号可以发布、转载时政类新闻，取得互联网新闻信息服务资质的非新闻单位开设的公众账号可以转载时政类新闻，其他公众账号未经批准不得发布、转载时政类新闻；明确违规如何处罚，对违法协议规定的即时通信工具服务使用者，即时通信工具服务提供者应视情节采取警示、限制发布、暂停更新直至关闭账号等措施，并保存有关记录，向主管部门报告。

2014年8月，最高人民法院公布《关于审理利用信息网络侵害人身权益民事纠纷案件适用法律若干问题的规定》，明确约束“人肉搜索”曝光个人隐私，提出为了公共利益且在必要范围内可免于担责。

2015年2月4日，国家互联网信息办公室发布《互联网用户账号名称管理规定》即“账号十条”，针对性地解决网络账号乱象日益突出的问题。有的账号假冒党政机关误导公众，如“中纪委巡视组”，有的假冒媒体发布虚假新闻，如“人民曰报”，有的假冒名人如“普京”“奥巴马”，有的假冒企事业单位和社会组织发布虚假信息，有的违背社会公德宣扬低俗文化，有的公然分裂国家、破坏民族团结……“账号十条”就账号的名称、头像和简介等，对互联网企业、用户的服务和使用行为进行了规范，涉及在博客、微博、即时通信工具、论坛、贴吧、跟帖评论等互联网信息服务中注册使用的所有账号。账号管理按照“后台实名、前台自愿”的原则，重点解决前台名称乱象的问题。

2015年4月28日，国家互联网信息办公室发布《互联网新闻信息服务单位约谈工作规定》即“约谈十条”，规定了九种约谈互联网信息服务单位主要负责人、总编辑的情形：一是未及时处理公民、法人和其他组织关于互联网新闻信息服务的投诉、举报情节严重的；二是通过采编、发布、转载、删除新闻信息等谋取不正当利益的；三是违反互联网用户账号名称注册、使用、管理相关规定情节严重的；四是未及时处置违法信息情节严重的；五是未及时落实监管措施情节严重的；六是内容管理和网络安全制度不健全、不落实的；七是网站日常考核中问题突出的；八是年检中问题突出的；九是其他违反相关法律法规规定需要约谈的情形。2015年2月2日和4月10日，国家互联网信息办公室和北京市互联网信息办公室联合对违法违规情节严重的网易和新浪进行了约谈，收到了良好的效果，也得到了网民的支持。

2016年7月30日，国务院发出《关于在政务公开工作中进一步做好政务舆情回应的通知》，对舆情回应、舆论引导的具体工作进行了规定：一是进一步明确了政务舆情回应责任，实行属地管理、分级负责、谁主管谁负责的原则，国务院重大政策重要决策部署的第一责任主体是国务院相关部门，地方政务舆情的第一责任主体是涉事责任部门；二是规定了需重点回应的情形，包括对政府及其部门重大政策措施存在误解误读的、涉及公众切身利益且产生较大影响的、涉及民生领域严重冲击社会道德底线的、涉及突发事件处置和自然灾害应对的、上级政府要求下级政府主动回应的政务舆情等；三是规定了回应时效，涉及特别重大突发事件的需要在24小时内举行新闻发布会，其他政务舆情则需在48小时内予以回应，相关部门负责人或新闻发言人应当出席新闻发布会。

2016年11月，国务院办公厅印发《〈关于全面推进政务公开工作的意见〉实施细则》，进一步规定涉及特别重大、重大突发事件的政务舆情，要在5小时内发布权威信息，需要各级政府随时随地了解社会舆情，对发生的舆情快速反应、快速处理，做好回应关切，并通过政府网站、微博、微信、移动客户端等全方位的网络传播途径对外发布信息。

2017年第一季度，党中央、国务院对“互联网+政务”和政府信息公开工作继续提出新要求。1月国务院办公厅印发《关于促进移动互联网健康有序发展的意见》中提出，要推动各级党政机关积极运用移动新媒体发布政务信息，提高信息公开、公共服务和社会治理水平。3月国务院办公厅发布《2017年政务公开工作要点》，首次提出对政务新媒体的要求，具体包括：做好在政府网站集中发布、利用新媒体主动推送、加强政策宣讲等工作；对涉及公众利益、需要社会广泛知晓的电视电话会议，除涉及国家秘密的以外，要积极通过网络、新媒体直播等向社会公开；要用好管好政务新媒体，明确开办主体责任，健全内容发布审核机制，强化互动和服务功能，切实解决更新慢、“雷人雷语”、无序发声、敷衍了事等问题。

三、政府对互联网的治理保持高压态势

打击网络违法，有法可依，有法必依。通过法律手段，政府加强了对网络舆论空间的管理力度，一定程度上肃清了网络噪音，清朗了网络生态，助推“正能量”和“政能量”在网络舆论场上赢得话语权。

2010年到2013年，微博在中国井喷式发展，造就了不少网络名人、超级大V，在网络上，他们一呼百应、翻手为云覆手为雨，可他们的行为一旦超出法律的边界，不仅污染网络空间，也直接葬送个人“网”途。

秦志晖，网名“秦火火”，3年（2011—2013年）时间使用“中国秦火火”“炎黄秦火火”“东土秦火火”“淮上秦火火”等微博账户造谣、传谣3000余条信息，捏造事实，恶意中伤，损害杨澜、张海迪、罗援等人名誉，蓄意攻击一些社会名人和普通群众。特别是2011年“7·23”特别重大铁路交通事故发生后，故意编造、散布中国政府花2亿元天价赔偿外籍旅客的谣言，2小时就被转发1.2万次，挑动民众对政府的不满情绪。2014年4月11日，北京市朝阳区人民法院认定其构成诽谤罪和寻衅滋事罪，依法判处秦志晖有期徒刑3年，这是“两高”司法解释出台后第一起依法公开审理的典型案件。

2015年1月13日，国家互联网信息办公室首次集中公布依法关闭的一批网站、栏目和微信公众号，共有50个，包括24家网站、9个网站频道（栏目）和17个微信公众号。[1]一周后，一批歪曲党史国史的133个微信公众号被依法关闭。2015年全年全国网信系统依法约谈违法违规网站820余家1000余次，依法取消违法违规网站许可或备案、依法关闭严重违法违规网站4977家，有关网站依法关闭各类违法违规账号226万多个。[2]

2016年，政府对互联网的管理重点，从敏感议题、重点网民转向网络平台。有关部门依法关闭了上百个传播歪曲党史国史的公众账号，对论坛、微博等平台上歪曲党史国史的内容也进行了查处。2016年11月7日，全国人民代表大会常务委员会通过《中华人民共和国网络安全法》，它规定：网络运营者不得泄露、篡改、毁损其收集的个人信息；同时，任何个人和组织使用网络不得煽动颠覆国家政权、推翻社会主义制度，煽动分裂国家、破坏国家统一，宣扬恐怖主义、极端主义，宣扬民族仇恨、民族歧视，传播暴力、淫秽色情信息，编造、传播虚假信息扰乱经济秩序和社会秩序，以及侵害他人名誉、隐私、知识产权和其他合法权益等活动。

2017年6月1日《中华人民共和国网络安全法》正式实施，6月7日下午，北京市互联网信息办公室治理追星炒作，依法约谈微博、今日头条、腾讯一点资讯、优酷、网易、百度等网站，责令网站切实履行主体责任，要求加强用户账号管理，遏制渲染演艺明星绯闻隐私、炒作明星炫富享乐、低俗媚俗之风等问题。这些网络平台依据相关法律法规、网站内容管理规定及用户协议关闭了61个账号，“全明星探”等知名微博都在被关闭之

---

❶ 新华网：《国家网信办：50家违法违规网站及公众账号被依法关闭》，2015年1月13日，http://news.xinhuanet.com/politics/2015-01/13/c_127382263.htm.

❷ 中共中央网络安全和信息化领导小组办公室、中华人民共和国国家互联网信息办公室官网：《2015年全国网信系统依法关闭违法违规网站4977家》，2016年2月26日，http://www.cac.gov.cn/2016-02/26/c_1118167571.htm.

列。同在6月，国家新闻出版广电总局印发《关于进一步加强网络视听节目创作播出管理的通知》，强调网络视听节目要与广播电视节目同一标准和尺度，对网络各播出平台的内容布局产生较大影响。

第三节　传播生态

微博等自媒体的兴起和发展，掀起了网络时代新一轮的信息传播狂欢，在无“微”不至的渠道支持下，人人都有麦克风，个个都是自媒体，传统媒体用几十年甚至几百年的时间强势维塑的信息传播生态正在发生深刻变化：从传受双方的矛盾对立到传受主体的合一转化，从系统性信息到碎片化信息，从拟态环境的解构到现实环境的重塑……可以说，信息的传播模式被彻底重构，信息传播的图景全方位、多层次地呈现出新的特点和趋势。

一、谁在传播："所有人"

传播者是信息流动的源头，在传统媒体构建的传播生态环境中，传播者一般是报纸、广播、电视等大众媒体，它们长期把持着信息传播的源头，通过议程设置等手段影响着信息传播的方向和舆论生态的演变。随着新媒体的出现和人们权利意识的增强，人们不仅仅是报纸、电视等传统媒体信息的接受者，而且还不遗余力上网发声喊话，随时随地分享身边的新鲜事儿，转发、评论鼠标所至的任何新闻事件，形成所有人对所有人传播的态势。

（一）"所有人"的"节点"特征

在网络传播环境中，节点[1]即每一个使用自媒体并利用自媒体的互

[1] 节点：humannode，是human（人）和node（节点）的组合，由美国学者创造，以此来界定在互联网媒介环境下以人为传播主体的节点。

动、联结功能的网民,他既是网络信息的传播者,也是信息的接收者和再次传播者。同时,在麦克卢汉主义看来,人在互联网上发布信息的同时,自己也变成了互联网的内容,因此节点既用来指称参与信息互动的网民,还用来指称与该网民捆绑在一起的一体化的信息。

当网民以个体方式存在于信息传播空间时,根据所起的作用和扮演的角色,可以将其所处的节点分为三种类型:核心节点、桥节点和长尾节点。核心节点是信息的发起人,是其他用户关注的核心,其他用户的发言和评价一般就是在核心节点的触发下出现的。桥节点是核心用户传播的信息的扩散者,在信息传播中扮演桥梁和中介的作用。长尾节点一般散见于信息传播网络的各处,他可以通过桥节点了解核心节点的信息,也可以直接点击桥节点上的链接或通过搜索直接阅读核心节点的源信息。处于不同节点的网民的影响力随节点传播网络扩散的方向而降低,核心节点受关注程度最高,长尾节点受关注程度最低,桥节点居中。值得一提的是,三类节点上的网民地位并不是一成不变的,他们的身份会随着信息内容的变化而转换,没有永远的核心节点,也没有永远的桥节点和长尾节点。

(二)网民的"集体"行为

普通网民由于受到传播硬件的制约,更多的是在节点中发布信息,但是这些信息要产生强大的社会影响力,必须依靠社会网络(social network)[1]的介入,从而完成信息在网络环境中的扩散。社会网络是人的关系网络,将社会关系引入微环境下的信息传播中,使得网民的信息传播活动不再是纯粹的信息传播活动,而是体现了各节点上网民之间的社会关系,体现了同处于一个社会网络中的不同网民背后的价值、心理等不同层面的文化认同程度。

---

[1] 社会网络是一个社会学的概念,它是指社会行动者(social actor)及其间关系的集合,一个社会网络是多个社会行动者(节点)和各行动者之间(节点之间)的组成的集合。

从现实观察来看，社会网络不仅是移动互联时代网民信息传播扩散的一种基本机制，而且正在成为处于该人际关系网络中信息消费的结构基础，通过将自己需要的信息、服务嵌入到个人门户（如个人微博、微信公众号）中，并通过朋友圈、粉丝和关注等社会网络手段接受信息，社会网络实质上扮演了他们信息获取、传播的底层结构的角色，他们的社会关系的广度、深度等会直接影响信息获取的广度、深度。

二、传播什么：碎片化的信息

碎片化，是移动互联时代信息传播的一个重要特征。传统的大众传媒构造的传播中心受到猛烈冲击，任何一个活跃于互联网话语空间的网民都可能构建起自己的传播中心，并承担起信息发布与传承的任务。从信息内容的属性来看，碎片化传播，主要体现为两个层面：事实性信息传播的碎片化和意见性信息传播的碎片化。[1]碎片化的事实性信息，侧重指信息来源的多元化、观察视角的分散化、信息文本的零散性以及信息要素的不完整性。碎片化的意见性信息，包括意见性信息的零散性，也包括意见的异质性、分裂性。

（一）碎片化信息的传播价值

1. 去中心化

自媒体的繁荣实现了长久以来人类无障碍交流的梦想——平等和无差异的交流——这就是互联网的精神实质。[2]开放、平等、协作、分享，正在消解信息传播对传统大众媒体“中心”的依赖，分散信息传播的话语主导权。上海交通大学舆情研究实验室发布的《2010中国微博年度报告》

---

❶ 彭兰：《碎片化社会与碎片化传播断想》，《华南理工大学学报（社会科学版）》，2012年第14卷第6期，第109页。

❷ 转引自周勇：《路径与抉择——主流电视媒体网络视听信息发展战略》，中国传媒大学出版社，2013年，第162页。

显示，微博从2010年起就成为网民发布信息的首选。所有人向所有人传播的局面已经形成，碎片化信息畅通无阻地流动于各节点之间，勾画微时代信息传播的新图谱。

2. 还原事件全貌

在自媒体平台上，信息的评论、转发、点赞都是瞬息之间的行为，数以亿计的网民即时发布信息、传播信息，并能在短时间内汇聚对某一事件或某一社会热点的集体关注，形成“微话题”，不仅以最快的速度记录事件的最新动态，而且通过有效整合碎片化的信息，清晰地还原事件原貌，提供全景式的事件直播体验。

（二）碎片化信息传播可能带来的问题

1. 信息真实性受到挑战

真实是新闻的生命，也是信息传播有效性的决定因素。在碎片化的信息传播环境中，传统媒体“把关人”角色弱化，信息传播者、媒介素养参差不齐，话语权盲目普及，都对传播系统中信息的真实性、可靠性造成威胁，谣言极其容易产生并迅速蔓延，伤害本就脆弱的网络公信力，严重干扰社会秩序。此外，在碎片化还原事实真相的过程中，极易出现反转，2015年成都男司机暴打女司机、2016年北京文昌胡同天价学区房等热点事件，沸沸扬扬，数次反转，不仅侵蚀自媒体公信力，也为政府舆论引导带来挑战。

2. 信息泡沫泛滥

相对于传统媒体传播的信息来讲，碎片化的信息更平易近人，因此也更容易成为无序信息的衍生地和流动场，如闲言碎语的絮叨、琐碎生活细节的铺陈、个人情绪化的发泄，都可以混杂于海量的信息中，使得信息泡沫无节制地泛滥、膨胀，而具有真正传播意义和新闻价值的信息深陷重围、难见天日，各节点之间难以建立有效的信息联系，对于了解真相的信息和“对自己有用的信息”的选择性获取难度加大，造成信息价值的缺失和传受主体的信息焦虑。

三、怎么传播:循环多级传播

今天,各种媒介形态深度整合,“有图有真相”传达了人们对获取信息的朴素的现实需求,报纸、广播、电视、网络在寻求差异化发展的同时,更加注重传播形态的整合与重构,碎片化的信息以碎片化的形态在不同阶段出现,并随着事件发展而呈现出循环多级传播的节奏。

信息的第一级传播是从广播、电视等传统媒体到达受众;对此感兴趣的部分受众或者专业网站将这些信息上载至网络,这是第二级传播;部分网民在微博等自媒体上通过社会关系网络参与到与事件相关的话题讨论中,并运用转发、评论、分享等方式将这些信息深度扩散,其他传统媒体也可能参与其中,由此进入更为广泛的多级传播;最后,网络和传统媒体传播影响的合力可能会反过来促进最初发布该信息的传统媒体进行追踪,造成传统媒体与微博平台间的媒体循环(media loops)。[1]

如《舌尖上的中国》起初在央视综合频道晚间10:40播出时,并没有多大的影响力,随着微博热议、网络视频上传,引起越来越多网民的关注,进而关注央视的播出,使这部纪录片虽然没有大规模宣传,也没有在黄金时段播出,但是仍然取得了非常不错的传播效果。在此过程中,正是通过不同层级的网民利用微博等自媒体开展网络化人际传播、扩散,通过层层“转播”,在现实生活中掀起了纪录片热、美食热,创造了风靡一时的“舌尖体”。

四、传播效果:拟态环境的解构和现实环境的重塑

在大众媒介普及之前,人们对现实环境的认识主要依靠自身的感性经验来获得。大众媒介的发展,提供了帮助人们了解外部环境的信息,

---

[1] Manning, P. (1997): “Media Loops,” In: F. Bailey & D. Hale (Eds,) Popular Culture, Crime & Justice (pp.25-39). Belmont: CA: Wadsworth.

人们根据这些信息来形成对所处社会环境的判断。美国新闻评论家李普曼将这种大众媒介营造出来的关于现实世界的图景称为“拟态环境”，即传播媒介通过对象征性事件或信息进行选择和加工、重新结构化之后向人们展示的环境。

（一）如何解构拟态环境

在大众媒介普及信息的时代，拟态环境虽然与客观世界有一定差距，但是人们依然根据媒介提供的信息来认识环境并采取适应环境的行动，这些行动反作用于现实环境，就使得现实环境也逐渐带有了拟态环境的特点。从理论上讲，大众媒介之所以能够完成拟态环境的建构，源自其议程设置功能的强势垄断和沉默的螺旋的作用机制，而微博、微信等新型信息传播手段的盛行，在相当大的程度上造成了社会议程设置的变化和沉默的螺旋逆袭，打破了传统大众媒介构建的拟态环境系统。

1. 议程设置的转向

议程设置是传播学的一个重要假说，美国传播学家麦库姆斯和唐纳德·肖通过对1968年美国总统选举期间大众媒介的报道对选民的影响进行调查，得出了大众传播具有一种为公众设置议事日程的功能：传媒的新闻报道和信息传达活动以赋予各种议题不同程度的显著性的方式，影响着人们对周围世界的“大事”及其重要性的判断。[1]鉴于主流媒体在对社会议题进行选择报道时，遵循的新闻原则、价值理念和行业规则宏观上趋于同一的实践，不同的传统大众媒介对议程的聚焦点经常不约而同投向相同或相似的某处，从而在某一时空范围内为人们描绘出一幅相对稳定的环境图景。

微时代信息传受主体合一、信息碎片化传播、个人特性的彰显，使得即使在同一时空的人们也能看到对现实事件不同的解读，传统大众媒介对社会议题重要性的编排“独霸天下”的局面一去不复返，个性意见的合

---

[1] 郭庆光：《传播学教程》，中国人民大学出版社，1999年，第214页。

意成为移动互联时代议程表的决定力量。新浪微博首页就经常会针对一段时间内微博上热议程度较高的事件或话题开设专门的“微话题”栏目，整合该话题相关的言论，梳理事件发展的脉络，给受众提供参与讨论和进一步传播的机会和平台。微话题完全由言论自由传播的网络“市场”发起、传播、整合，参与讨论和传播的网民越多，该微话题就越“热”，就越容易引起传统媒体的注意而进行深度整合、追踪报道，最终成为“活”在当下的现实事件。

2. *沉默的螺旋的逆袭*

德国社会学家诺尔-诺依曼在1980年提出“沉默的螺旋”理论，认为在对周围环境的认知过程中，人们存在对意见气候和多数意见的服从。个人在表明自己的观点时，如果发现自己的观点属于多数意见，便倾向于积极大胆地表明自己的观点，而如果发现自己的观点属于少数意见，一般人就会趋于环境压力而转向沉默，从而形成一个一方意见越来越增势而一方意见越来越沉默的螺旋。[1]

沉默的螺旋在移动互联时代表现出两种发展态势：一是螺旋的向下深化，网络信息发布的低门槛和便捷性，使个人意见信息的存活率和存活时长都大大降低，极容易被湮没在浩瀚的信息汪洋之中，成为沉默的声音。二是螺旋的向上逆袭，微博等自媒体使拥有个性化的个人门户成为极其便利的可能，“躲”在显示器、手机等终端背后给人们带来的心理安全感，消减着周围意见环境对个人的影响，轻轻点击一下鼠标就能完成个人意见信息的分享和传播，即使是“少数”意见也能在网上遇到知音，进而形成合力，完成逆袭。

（二）如何重塑现实环境

现实环境的重塑，是一个系统的工程。从传播学的角度，这里探讨两种重塑的视角：

---

[1] 郭庆光：《传播学教程》，中国人民大学出版社，1999年，第220–221页。

1. 视角一：重视长尾节点

在网络环境中，人们获取信息、保存信息的成本大大降低，信息在网络各个节点之间的流动阻力也大大减小。除了对信息扩散和意见形成起着关键作用的核心节点，那些看似“价值”不高的长尾节点，也有可能受到关注，它们创造的“长尾效应”能帮助人们更立体、更全面地了解社会。正如长尾理论所揭示的那样，文化和经济的中心正在加速转移，从需求曲线头部的少数大热门（主流产品和市场）转向追求曲线尾部的大量非热门产品和市场。[1]

2. 视角二：“水平媒体”和“垂直媒体”

议程设置理论的提出者之一唐纳德·肖曾提出过“水平媒体”（Horizontal Media）和“垂直媒体”（Vertical Media）这两个概念。其中，水平媒体是小众媒体，垂直媒体是大众媒体，它贯穿社会各个阶层和人群并将它们整合在一起。碎片化、个性化的传播扮演水平媒体的角色，专业媒体扮演垂直媒体的角色，二者相互交织可以创造一个稳定的“纸草社会”（Papyrus Society）[2]。这种“纸草社会”的追求，用信息传播一横一纵的大手笔描绘勾勒现实世界的网格图，迎合了媒介深度整合的发展趋势，也为社会环境的再构成提供了一种新的视角。

综上所述，碎片化的事实性信息经由议程设置的转向更多的进入人们的视野，沉默的螺旋的逆袭帮助更多碎片化的意见性信息“重见天日”，这些信息节点传播系统中自由流动，影响着人们对社会的认知，长尾节点之上的信息成为重塑现实环境的重要力量。

---

[1] 克里斯·安德森：《长尾理论》，中信出版社，2006年，第35页。

[2] 彭兰：《碎片化社会与碎片化传播断想》，《华南理工大学学报（社会科学版）》，2012年第14卷第6期，第110页。

第三章　网络舆论引导的依据

社会转型期，人们的现实利益冲突、思想观念、权利主张以及各种各样的社情民意都集中地在网络上展示出来，社会事件一经触网很快发展为舆论事件，并对政策产生舆论影响力。网络舆论引领社会舆论的能量越来越大，且民意功能越来越突出，公共利益、民生问题、群体诉求矫揉交融，网络舆论与社会现实的互动进一步增强，对公众的思想行为的影响日益深刻。因此，必须加强网络舆论引导，提高网络舆论引导能力，才能"让互联网成为我们同群众交流沟通的新平台，成为了解群众、贴近群众、为群众排忧解难的新途径，成为发扬人民民主、接受人民监督的新渠道。"[1]

第一节　理论依据

理论基础是学科建设和发展的思想源泉和建构依据，目前，我国网络舆论管理的理论研究相对薄弱，一定程度上影响了该领域研究的整体发展。本节所说的网络舆论引导的理论依据，主要从传播学、政治学和舆论学的学科视野，梳理舆论引导的相关理论研究成果，为网络舆论引导提供理论借鉴。

---

[1] 新华网：《习近平在网信工作座谈会上的讲话全文发表》，2016 年 4 月 25 日，http://news.xinhuanet.com/politics/2016-04/25/c_1118731175.htm.

一、大众传播理论

（一）媒介控制理论

从媒介控制的角度来看，大众传播是一个具有强大影响力的社会信息系统，任何国家和社会都会把它纳入社会制度的轨道，传播制度体现了全部社会结构和社会关系的复杂性，因此，特定社会制度和传播制度下的媒介控制，包含了三个层面。

1. 国家和政府的控制

通过规定大众传播体制，制定有关法律、法规和政策，来保障媒介活动为国家制度、意识形态以及各种国家目标的实现服务，它包括规定传媒组织的所有制形式、对传播媒介的活动进行法制和行政管理、限制或禁止某些信息内容的传播、对传播事业的发展制定总体规划或实行国家援助。

2. 广大受众的社会监督控制

在现代社会里，大众传播对人们社会生活方方面面都产生影响，许多传播内容，如传播的信息是否真实、提供的娱乐是否健康等，都会直接影响到受众的利益。因此，广大受众具有对媒介进行监督的正当权利，他们通过反馈信息对媒介活动进行直接监督，结成团体，以群体运作方式对媒介活动施加影响，通过法律手段维护正当权益，通过影响媒介的销售市场来制约媒介活动。

媒介控制是一个非常复杂的问题，其中不仅包含着国家和政府与媒介的关系、广大受众与媒介的关系，而且包含了自由与责任、权利与义务、竞争与秩序、生产与消费、经济效益与社会效益等各种复杂矛盾。

（二）媒介规范理论

英国学者D.麦奎尔曾经将各种规范体系中所包含的观点和主张称为关于传播制度或媒介制度的“规范理论”，并归纳了它的六种类型，即极权主义理论、自由主义理论、社会责任理论、苏联的共产主义媒介理论、民主参与的媒介理论、发展中国家的媒介理论。这些理论中，前四种由美国学者F.S.席伯特和W.施拉姆等人在1956年出版的《报刊的四种理论》中提出，充满了资产阶级学者的偏见。[1]在这里仅对后两种理论进行探讨。

1. 发达国家民主参与的媒介规范理论

民主参与理论也被称为受众参与理论，是在20世纪70年代以后随着社会信息化的发展和媒介集中垄断程度达到新的高度，在美国和欧洲、日本等一些发达国家和地区出现的一种新的媒介规范理论。民主参与理论的核心价值是多元性、小规模性、双向互动性、传播关系的横向性或平等性，它要求大众传播媒介向一般民众开放，允许民众个人和群体的自主参与，主要观点包括：(1)任何民众个人和弱小社会群体都有知晓权、传播权，对媒介的接近和使用权，接受媒介服务的权利；(2)媒介应主要为受众而存在，而不应主要为媒介组织、职业宣传家或广告赞助人而存在；(3)社会各群体、组织、社区都应该有自己的媒介；(4)与大规模的、单向的、垄断性的巨大媒介相比，小规模的、双向的、参与性的媒介更合乎社会理想。[2]

2. 发展中国家的媒介规范理论

发展中国家的传播制度和媒介规范理论大致包含了以下几个方面：(1)大众传播活动必须与国家政策保持同一轨道，以推动国家发展为基本任务；(2)媒介的自由伴随着相应的责任，这种自由必须在经济优先的原则和满足社会需求的原则下接受一定限制；(3)在传播内容上，要优先传播本国文化，优先使用本民族语言；(4)在新闻和信息的交流合作领域，应优先发展与地理、政治和文化比较接近的其他发展中国家的合作关系；(5)在事关国家发展和社会稳定的利害问题上，国家有权对传播媒

[1] 转引自郭庆光：《传播学教程》，中国人民大学出版社，1999年，第134页。

[2] 转引自郭庆光：《传播学教程》，中国人民大学出版社，1999年，第139-140页。

介进行检查、干预、限制乃至实行直接管制。[1]

3. 我国社会主义制度下的媒介规范理论

我国目前的传播制度及其基本规范包含了以下几个方面的内容:(1)我国的新闻传播事业实行社会主义公有制,这是实行社会主义新闻自由的重要基础;(2)我国社会主义新闻传播事业是中国共产党领导下的事业,必须坚持党性原则;(3)社会主义新闻传播事业执行报道新闻、传递信息、引导舆论、提供娱乐等多方面的社会功能;(4)社会主义新闻传播事业具有重要的经济功能,这种经济功能包两个方面:一是新闻传播事业通过沟通生产、流通和消费对国民经济发展起着重要的服务作用,二是新闻传播事业本身也是社会主义市场经济的重要组成部分,是新兴的信息和知识产业的骨干,新闻事业的发展可以带动国家和社会的全面发展。[2]

可以看出,媒介规范理论在不同时代、不同社会希望通过规范大众传播行为实现对传播活动的管理。移动互联时代,社会的传播活动变得空前复杂,舆论风向变幻莫测,为党和政府的舆论引导和管理带来全新的挑战。

(三)大众传播效果理论

大众传播效果研究从20世纪初开始,按照对大众传播效果的性质和影响力强弱的认识,大致划分为三个时期:20世纪初至20世纪30年代末是第一时期,以"子弹论"为代表的强力效果论为主;20世纪40年代至60年代是第二时期,以"传播流"研究为主的有限效果论为主;20世纪70年起进入第三时期,出现了"议程设置功能"理论、"沉默的螺旋"理论、"培养"理论、"知沟"理论等宏观效果论。

---

❶ 转引自郭庆光:《传播学教程》,中国人民大学出版社,1999年,第145页。

❷ 转引自郭庆光:《传播学教程》,中国人民大学出版社,1999年,第144页。

1. 早期的“子弹论”或“皮下注射论”

这一理论的核心观点是：传播媒介拥有不可抵抗的强大力量，它们所传递的信息在受传者身上就像子弹击中躯体，药剂注入皮肤一样，可以引起直接速效的反应；它们能够左右人们的态度和意见，甚至直接支配他们的行动。施拉姆曾经对它做出如下概述：“传播被视为魔弹，它可以毫无阻拦地传递观念、情感、知识和欲望。……传播似乎可以把某些东西注入人的头脑，就像电流使电灯发出光亮一样直截了当。”这一理论之所以能够盛行于20世纪初至20世纪30年代末，与报刊、广播等大众传播媒介的快速发展，以及第一次世界大战成功的战争宣传有重要关系，在当时，甚至作为传播学奠基人之一的拉斯韦尔也没有摆脱这种观点的影响，拉斯韦尔以及当时许多人都致力于研究宣传技巧。这一理论对传播过程的描述过于简单，一方是全能的媒介在发送信息，另一方是分散的大众在等待着接受它，其间别无他物，随着传播效果研究的深入，这种观点就逐渐被有限效果论取代。

2.“传播流”研究与有限效果论

从20世纪40年代开始，大众传播效果研究进入有限效果论阶段，这一时期的主要研究领域有三个，一是“传播流”研究，二是说服性传播的效果研究，三是“使用与满足”研究，出现了“两级传播”“意见领袖”“场论”等理论。

1940年美国总统大选期间，围绕大众传播的竞选宣传，拉扎斯菲尔德等人形成了实证调研报告《人民的选择》，他们发现，在人们做出投票决定的过程中，有一些对他们施加个人影响的人物，即意见领袖，这部分人占调查对象总数的21%，这一部分人对报纸、杂志、广播的接触频度和接触量都远远高于和大于一般人。据此，研究人员对传播过程做了这样一种推测：大众传播并不是直接“流”向一般受众，而是要经过意见领袖这个中间环节，即“大众传播——意见领袖——一般受众”的两级传播模式。这一理论破除了从战时宣传发展起来的魔弹论，揭示了意见领袖对公众舆论的重大影响。1962年，美国农村社会学家罗杰斯发表《创新与普及》，对两级传播的概念做了补充和修正。根据新事物普及过程调查的结果，罗杰斯把大众传播过程区分为两个方面，一是作为信息传递过程的“信息流”，二是作为效果或影响的产生和波及过程的“影响流”，前者是“一级”的，即信息可以由传媒直接“流”向一般受众，而后者是“多级”的，要经过人际传播中许多环节的过滤。这样，罗杰斯就把“两级传播”模式发展为“多级”或“N级传播”模式。无论是两级传播还是多级传播，都强调了大众传播影响力的无力性和效果的有限性，因而被称为“有限效果论”。

第二次世界大战期间，耶鲁大学心理学教授霍夫兰等人接受美国陆军部的委托，在军队里进行了一系列心理实验，这就是关于“说服与态度改变”的最早的实证研究。从战争期间直到1961年霍夫兰去世，他们进行了数十项研究，这些研究揭示了效果的形成并不简单地取决于传播者的主观愿望，而是受到传播主体、信息内容、说服方法、受众属性等各种“条件”的制约。

1974年，传播学家卡兹等人发表《个人对大众传播的使用》一文，将个人的媒介接触行为概括为一个“社会因素+心理因素——媒介期待——媒介接触——需求满足”的因果连锁的过程，提出了“使用与满足”过程的基本模式。这一研究指出了大众传播对受众具有一些基本效用，这对过分强调大众传播无力性的“有限效果论”也是一种有益的矫正。在这个意义上，一些学者把“使用与满足”理论称为一种“适度效果”理论。

3. 宏观效果论

进入20世纪70年代以后，在对“有限效果论”进行批评和反思的基础上，传播效果研究领域又出现了一批新的理论模式和假说，其中包括

"议程设置功能"理论、"沉默的螺旋"理论、"知沟"研究、"培养分析"以及"编码与释码"研究，等等。进入90年代以后，传播效果研究的一个突出特点是，探讨媒介技术对社会发展的推动作用以及对社会生活产生的影响，这个热点的形成，与媒介技术特别是卫星电视、计算机通信、多媒体、数字化、网络化的飞速发展是分不开的。

"议程设置功能"作为一种理论假说，最早见于美国传播学家麦库姆斯和唐纳德·肖1972年发表在《舆论季刊》上的一篇论文《大众传播的议程设置功能》，这一理论的核心假设是媒介议程影响公众议程。传播媒介对外部世界的报道不是"镜子"式的反映，而是一种有目的的取舍选择活动。传播媒介根据自己的价值观和报道方针，从现实环境中"选择"出它们认为重要的部分或方面进行加工整理，赋予一定的结构秩序，然后以"报道事实"的方式提供给受众。如此，大众传播具有一种为公众设置"议事日程"的功能，传媒的新闻报道和信息传达活动赋予各种"议题"不同程度的显著性的方式，影响着人们对周围世界的"大事"及其重要性的判断。这一理论的提出，改变了以往从个人态度改变的意义上考察传播效果，转向从大众传播对人们环境认知作用的视角，重新揭示了大众传媒的有力影响，为效果研究摆脱有限论的束缚起了重要的作用。

"沉默的螺旋"概念，最早见于德国女社会学家伊丽莎白·诺尔-诺依曼1974年发表的一篇论文，在1980年以德文出版的著作《沉默的螺旋：舆论——我们的社会皮肤》中，她对这一理论进行了全面的概括。这一理论假说由三个命题构成：第一，个人意见的表明是一个社会心理过程。人作为一种社会动物，总是力图从周围环境中寻求支持，避免陷入孤立，这是人的"社会天性"。为了防止因孤立而受到社会惩罚，个人在表明自己的观点之际首先要对周围的意见环境进行观察，当发现自己属于"多数"或"优势"意见时，他们便倾向于积极大胆地表明自己的观点；当发现自己属于"少数"或"劣势"意见时，一般人就会屈于环境压力而转向"沉默”或附和。第二,意见的表明和“沉默”的扩散是一个螺旋式的社会传播过程。意见一方的“沉默”造成另一方意见的增势,使“优势”意见显得更加强大,这种强大反过来又迫使更多的持不同意见者转向“沉默”,如此循环,便形成了一个“一方越来越大声疾呼,而另一方越来越沉默下去的螺旋式过程”。任何“多数意见”、舆论乃至流行或时尚圈的形成,其背后都存在着“沉默的螺旋”机制,社会生活中的“舆论一边倒”或“关键时刻的雪崩现象”,正是这一机制起作用的结果。第三,大众传播通过营造“意见环境”来影响和制约舆论。在现代社会,人们判断周围意见分布状况的主要信息源泉有两个,一是所处的社会群体,二是大众传播,而在超出人们直接感知范围的问题上,大众传播的影响尤其强大。这样,诺依曼通过“沉默的螺旋”理论,重新提示了一种“强有力”的大众传播观,如果说“议程设置理论”只是强调人们对环境认知的阶段即舆论形成的最初阶段,那么,“沉默的螺旋”理论则包括了人们认识活动的全过程,展现了大众传播“创造社会现实”的巨大力量。

“培养分析”,也称为“培养理论”“教化分析”“涵化分析”,这一理论是20世纪60年代后期,在美国传播学者格伯纳针对当时社会暴力和犯罪问题进行的“培养分析”研究中逐步确立起来的。最初,“培养分析”的着眼点有两个,一是分析电视画面上凶杀和暴力内容与社会犯罪之间的关系,二是考察这些内容对人们认识社会现实的影响。根据一系列实证调查和分析,格伯纳等认为,在现代社会,大众传媒提示的“象征性现实”对人们认识和理解现实世界发挥着巨大影响,由于大众传媒的某些倾向性,人们在心目中描绘的“主观现实”与实际存在的客观现实之间正在出现很大的偏离。而且,这种影响不是短期的,而是一个长期的潜移默化的培养的过程。“培养分析”的核心观点是:传播内容具有特定的价值和意识形态倾向,这些倾向通常不是以说教而是以“报道事实”“提供娱乐”的形式传达给受众的,它们形成人们的现实观、社会观于潜移默化之中。

传播媒介的这种"培养效果",主要表现在形成当代社会观和现实观的"主流",而电视媒介在"主流形成"过程中尤其发挥着强大的作用,它可以超越不同的社会属性,在全社会范围内广泛"培养"人们关于社会的共同印象。

1970年,美国传播学家蒂奇诺等人提出了"知沟"理论:由于社会经济地位高者通常能比社会经济地位低者更快地获得信息,因此,大众媒介传送的信息越多,这两者之间的知识鸿沟也就越有扩大的趋势。这一理论的提出,反映了人们对信息社会中阶层分化问题的重视。在信息社会里,信息就是财富,因此,信息社会所面临的一个现实问题,就是如何防止和解决信息富有者和信息贫困者的两极分化以及由此带来的新的社会矛盾。

网络媒体的发展,其传播效果也经历了上述多种样态,并越来越展现出强大的传播效果力。尤其是后期宏观效果论,一定程度上揭示了大众传播的规律性问题,比如如何传播、如何进行有效传播等问题,对网络舆论引导具有更鲜明的指导意义。另一方面,大众传播过程背后的控制问题也被呈现出来,但这一问题并不是多数经验传播学派的研究兴趣所在,成为当前主流传播学的大众传播理论的视野局限,而且,这一问题恰恰也正是网络舆论引导中必须正视的问题。

二、其他领域相关理论

(一)信息生态理论

信息生态理论是信息科学、生态学与社会学等多元理论建构的交叉学科,主要是从系统视角研究人、信息及信息环境之间的关系,以及由它们相互作用而共同形成的信息生态系统的平衡问题的一种理论。[1]20世纪80年代末,信息生态作为学术概念被提出,1999年,B.A.Nardi等人将信

[1] 李昊青、兰月新、侯晓娜、张琦:《网络舆情管理的理论基础研究》,《现代情报》,2015年5月。

息生态定义为“特定环境里由人、实践、价值和技术构成的一个系统”，并指出信息生态系统里占核心地位的不是技术，而是由技术支持的人的活动。[1]我国学者靖继鹏认为信息生态理论是利用生态学的观点和方法，研究信息生态系统的构成因子、因子之间的相互作用、信息流和能量流的传递以及系统的合理构建和优化等问题，并指出信息生态系统由信息、人、信息环境组成，是具有一定自我调节能力的人工系统。[2]

信息生态视野下的网络舆论管理，其目的就是实现网络舆论生态和谐发展，推进网络生态文明建设。因此，网络舆论生态是从整体视角研究信息、人、网络环境之间关系的总和，以及由它们相互作用而共同形成的网络舆论生态系统的平衡问题。它强调的是社会个体或群体、舆情信息、网络环境三者之间的相互作用和影响，三者之间的关系是网络舆论生态问题的核心。网络舆论生态系统的构建机理研究则着眼于各要素的功能及其相互作用关系，探讨舆论生态系统的结构层次及其形成条件、构建机理、结构模式等问题。网络舆论生态系统的运行机制研究，则在于揭示网络舆论生态系统中信息流和能量流的流转规律和运行方式。信息生态观指导下的网络舆论管理机制与策略研究，则是通过对网络舆论管理方法、原则、策略进行探索，以促进各种网络舆情群落的生态平衡为目的，研究网络舆论生态治理模式的功能、理想条件和实施策略。[3]

（二）舆论管理理论

1937年，拉斯韦尔在《舆论季刊》上发表的一篇书评中使用了“舆论管理”的概念，随后，舆论管理逐渐代替了“宣传”成为美国政治学家和学

❶ 罗晓光、溪路路：《基于社会网络分析方法的顾客口碑意见领袖研究》，《管理评论》，2012年1月。

❷ 杨倩、刘益、韩朝：《网络购物中顾客信任影响机制研究》，《情报杂志》，2011年5月。

❸ 李昊青、兰月新、侯晓娜、张琦：《网络舆情管理的理论基础研究》，《现代情报》，2015年5月。

者们的常用术语。[1]有美国学者指出:“舆论管理,被视为第一次世界大战的杰出技术,现在正日益成为政府和商界的日常生活。”舆论管理理论相对庞杂,从舆论管理的实质来看,美国的政治学者一般将舆论管理理解为政治决策为获得公众支持而使用的,与显性宣传方式相对应的隐性的“形塑”舆论或“制造同意”的技术。[2]

从舆论管理的方式来看,美国的政治家们多数通过民意调查、新闻发布会制度等进行。当代美国政界之所以能够通过舆论管理来“形塑”舆论或“制造同意”,民意调查功不可没,正如赫伯特·席勒指出的:“尽管民意测验是一项以科学方法形塑的工具,但它不可能是中性的构件。……它旨在为政府、政治、经济各界的政策制定与决策提供服务。进行民意测验,其本身就是一种社会政策行动”[3]。通过民意调查、媒体和公关手段,现代国家已经学到了许多操纵和管理舆论的方法。新闻发布会制度,可以追溯到杰克逊时代的“厨房内阁”,即它“一方面将公众舆论过滤后向总统提供建议,一方面通过新闻媒介向公众鼓吹总统的政策,以便获得公众舆论的支持”,这一方式后来就形成了比较成型的白宫新闻发布制度。舆论管理同时决定了政策制定者与公众之间关系的性质,决定了公众在何种程度上介入政策制定,以及政策制定者在何种程度上介入舆论的形成过程。[4]

第二节　现实依据

网络舆论引导面临着更加复杂的国际国内舆论形势,这些复杂的问题交织在一起,常常使得舆论引导进退失据、左右为难。因此,当前研究

[1] 刘春波:《舆论引导论》,武汉大学,2013年博士论文。

[2] 刘春波:《舆论引导论》,武汉大学,2013年博士论文。

[3] 赫伯特·席勒著,王怡红译:《思想管理者》,台北远流出版公司,1996年,第128页。

[4] 纪忠慧:《美国政府的舆论管理与政策制定》,《国际关系学院学报》,2008年第5期。

网络舆论引导，需要对现实情势进行考察分析，尤其及时关注网络舆论场上出现的新情况、新问题，以便有的放矢、张弛有度地进行网络舆论引导。

一、网络成为信息曝光和分发平台，必须加强舆论引导

社会舆论的传播载体、舆论主体网络化，与人们的权利意识逐渐增强相互促进，使网络成为人们曝光的首选平台。2010年江西宜黄拆迁事件因微博首曝，迅速吸引全国关注，人们以网民身份参与公共事务、监督政府的热情空前高涨。随后进行的一项网上调查显示，有71.5%的人表示自己“会参与反腐”，遇到社会不良现象时，有75.5%的人会选择网络曝光。[1]

（一）“三微一端”力量不微

以微博、微信、微视频和客户端为代表的网络新媒体传播平台，正在社会舆论中扮演着越来越重要的作用。“三微一端”除了不断加快自身发展，而且作为舆论平台承载着各种舆论事件、观点、思想交流、交汇、交锋，形成复杂的网络舆论场。

从“三微一端”的覆盖情况来看，微博、微信都已经超出单一社交应用范畴，成为平台级入口。微博月活跃用户截至2016年第二季度，上升至2.82亿个。手机端微博用户1.62亿。[2]根据腾讯2016年第三季度财报显示，微信和WeChat的合并月活跃账户约8.46亿个。2016年国务院办公厅的文件《关于在政务公开工作中进一步做好政务舆情回应的通知》中，也把政务微博、政务微信和政府客户端作为政务公开的标配。根据人民

[1] 新华网：《网络曝光成七成公民首选 民间反腐期待制度认可》，2010年10月19日，http://news.xinhuanet.com/politics/2010-10/19/c_12673527.htm.

[2] 人民网舆情监测室：《2015年中国互联网舆情分析报告》，2015年12月。

网舆情监测室《2015年中国互联网舆情分析报告》，微信覆盖了90%以上的智能手机，55.2%的微信用户每天打开微信超过10次。中国艾媒咨询数据显示，2016年下半年，中国手机新闻客户端用户规模为5.9亿人，增长率为4.4%。[1]新闻客户端的增长，从获取新用户，转向精细化运营，提高用户活跃度和黏性。以腾讯新闻、今日头条为代表的新闻客户端占据75.8%的用户规模，而今日头条、网易新闻、凤凰新闻的客户端占据新闻客户端用户黏性排行前三甲。各新闻客户端正在进行直播、问答、社交等产品的建设，以期增强竞争力。随着"三微一端"的发展，各平台之间相互搭桥、共同发展的趋势也越来越明显。2014年，新华社推出短视频新闻客户端，凭借短视频成为移动新闻传播的重点。2016年下半年，今日头条重磅发布10亿元短视频作者补贴计划、新京报联合腾讯推出短视频项目"我们视频"、梨视频项目正式上线，同时，凤凰新闻、搜狐新闻等纷纷全面整合自己的视频资源，短视频已经成为名副其实的移动新闻新风口。

从热点事件曝光和发酵的主要信源来看，微博、微信、新闻客户端已经成为主要渠道。2009年，人民网舆情监测室曾对77件影响较大的社会热点事件进行分析，发现其中由网络爆料而引发公众关注的有23件，占全部事件的30%。发展到2015年，由互联网披露而引发公众关注的事件达到44.4%，可以明确发于微博、微信和新闻客户端的有64件，占12.8%。[2]

（二）"吃瓜群众"成为舆情发酵的重要推手

"吃瓜群众"源自"不明真相的吃瓜群众"，入选语言文字规范类刊物《咬文嚼字》杂志社发布的"2016年十大流行语"，尤其指对事情不了解、

[1] 艾媒咨询：《2016年中国移动互联网新闻客户端发展分析报告》，2017年2月27日，http://mt.sohu.com/20170227/n481836474.shtml.

[2] 人民网舆情监测室：《2015年中国互联网舆情分析报告》，2015年12月。

对讨论发言以及各种声音持围观态度的网民。“吃瓜群众”已经成为互联网上的一股隐形力量，静静围观一切，不出手则已，一出手则惊涛骇浪，推动舆情迅速发展。有人甚至将“吃瓜群众”的作用调侃为“人在做，吃瓜群众在看”。[1]

中国网民群体已经达到7.51亿规模（截至2017年6月），爱看热闹、爱挖内幕、爱抠细节、爱爆猛料，是一部分网民的爱好。近年来，随着移动互联的发展尤其是微博的崛起，“吃瓜群众”在涉腐舆情中扮演了相当重要的角色，但随着中央不断加大反腐力度，网上涉腐舆情数量减少，“吃瓜群众”缺少一致的围观方向，开始转向对零散的、特殊的、偶发舆情进行辩驳“挖坟”，推动舆情向不确定的方向发展。[2]

人民网舆情监测室在其《2016年互联网舆情分析报告》中对2017年的网络舆论发展趋势做出以下预测：一是微博、微信平台化进一步显现，微信作为移动智能终端核心App将占用人们更多时间，微博月活跃用户将继续增长，向三线、四线城市的渗透会表现在文娱和社会议题的热度上；二是网络表达门槛继续降低，各阶层的声音上网，非理性舆论的分贝加大，对政策决策形成裹挟。[3]可以看出，“吃瓜群众”利用微信等自媒体参与社会热点话题，推动网络舆论发酵，将是常态。因此，如何引导“吃瓜群众”在网上理性参与公共事务，形成良性对话机制，是网络舆论管理必须面对的新课题。

---

❶ 为什么网：《不明真相的吃瓜群众是什么意思？出处哪里？》，2016年6月11日，http://www.wsm.cn/shehui/shehuiwenti/13661.html.

❷ 新华网：《2016年中国互联网舆情研究报告》，2017年1月11日，http://news.xinhuanet.com/2017-01/11/c_1120292887.htm.

❸ 人民网舆情监测室：《2016年中国互联网舆情分析报告》，2016年12月，http://gw.yjbys.com/baogao/97892.html.

二、社会公信力下降必须增强舆论引导能力

社会公信力是党政机关或公共服务部门在处理社会公共关系事务中所具备的为社会公众所认同和信任的影响力，也是公民在社会生活中对社会组织体系、社会政策实施以及其他社会性活动的普遍认同感、信任度和满意度，是公民对社会组织及其政策的一种评价，具体表现为相关部门在处理公务中妥善解决问题的能力和效果。社会公信力是社会信息传播、思想交流和公众交往以及舆论引导的基石，一旦社会公信力受损，人们对负面消息的接受度就会不断提高，鉴别真伪的意识也会被削弱，久而久之，造成大面积的信任危机，进而遭遇“塔西佗陷阱”。当前，我们的社会公信力严重流失，怀疑一切似乎已经成为很多人的心理共识。2011年9月，《人民日报》推出“关注社会信任度”系列文章，引用人民网舆情监测室（微博）的监测数据，认为“不相信政府，不相信专家，更不相信媒体已构成了当前社会上一堵亟待翻越的‘信任墙’”。[1]2013年2月，中国社会科学院社会学研究所的社会心态蓝皮书《中国社会心态研究报告2012—2013》发布，报告认为，“目前，中国社会的总体信任进一步下降，已经跌破60分的信任底线。人际不信任进一步扩大，只有不到一半的调查者认为社会上大多数人可信，只有两到三成信任陌生人”，社会不信任的对象从政府、专家、媒体，扩大到普通人。

（一）政府公信力下降导致政策失灵

政府公信力源自社会契约论的政府起源假设，该假设认为政府与社会公众之间的关系是委托和代理的关系，政府受公众委托履行公共职责、维护公共利益，并接受监督和评价。如果政府无法有效履行契约，就可能产生信任危机。一些学者将政府公信力分为三个方面：政府合法性

[1] 人民网：《舆情监测显示民众对政府专家及媒体信任度低》，2011年9月8日，http://politics.people.com.cn/GB/1026/15617161.html.

本身产生的公信力、政府行政过程的公信力、政府行政绩效的公信力。一般认为，在现有体制下，后两个方面是政府公信力的主要方面，政府不作为、乱作为就成了耗损政府公信力的重要原因。2017年上半年热播的反腐剧《人民的名义》中，不仅体现了政府不作为，比如光明区区长不求升官便不作为，气得百姓当面斥责“当官不为民做主，不如回家卖红薯”，也体现了政府乱作为，比如信访办“丁义珍”式低矮窗口、法院副院长的渎职枉法等，这些都直接给政府形象带来负面影响，伤害政府公信力。在一些社会热点事件中，相关部门应对不力，让本就脆弱的政府公信力雪上加霜。

（二）专家和媒体公信力下降引起新的社会隔阂

专家和媒体，本应是谣言的终结者。然而，在公信力下降的语境中，专家和媒体在网络上被污名化，专家变成了“砖家”，媒体变成了“霉体”，他们的言论，不幸变成了网民演绎、嬉笑的题材。2011年日本大地震后，“抢盐风潮”一夜之间席卷全国各地，盐被抢完了，人们就开始抢购酱油，尽管专家、媒体一再强调日本的核污染不会对中国大陆造成影响，但人们置若罔闻，继续哄抢。近年来，频频有学者提出要警惕社会“信任墙”越筑越高。这些观点认为，这些“信任墙”存在于社会各个群体和各个角色之间，在政府和民众之间，在穷人和富人之间，不一而足。

媒体公信力，尤其是自媒体公信力，正在成为移动互联时代网络舆论的一个痛点。2015年，上海交通大学舆情研究实验室采用电话调查的方式，对我国36个城市居民的媒介信任情况进行调查。[1]调查显示，(1)超过六成的受调查者信任传统媒体，四成的受访者信任新媒体，传统媒体的公信力更高。(2)在传统媒体中，电视的公信力最高。在新媒体中，网络新闻媒体（包括新闻网站和手机新闻客户端）比自媒体（包括微博、

---

[1] 上海交通大学舆情研究实验室：《中国居民媒介信任的比较研究——基于36个城市居民电话调查数据》，2015年。

微信等)的公信力更高。(3)相比于官方网络新闻媒体(如人民网、新华网、央视网、中国新闻网),人们更信任商业网络新闻媒体(如新浪网、搜狐网、腾讯网、凤凰网),但整体而言,网络新闻媒体的公信力不容乐观,近三成受访者采取不相信的态度。有研究表明微信等自媒体公信力缺失的原因主要在于法律缺失、受众信息不对等、传播者的个人化、平台本身监督机制不完善、社会文化娱乐化背景等方面。[1]

三、社会情绪心态投射到网络上必须加以引导

网民作为网络舆论的主体,已经从最初的懵懵懂懂,蜕变为今日辛辣议政、笑傲江湖的力量。网民对环境变化高度敏感,特别是与自身利益密切相关的环境变化,极容易引发蝴蝶效应。从总体上看,网民思想更开放、价值更多元、言语更活泼、权利意识更明显、个性更张扬,他们不仅改变了自己,也悄然改变着社会关系和社会文化。

(一)绝望、焦虑等负面情绪弥漫网络

经济的快速发展带来了社会阶层划分、群体利益的调整,既增强了人们的物质获得感,也给人们带来了新的压力,人们的心理结构失衡,紧张、焦虑、困惑、不满等社会情绪浮动,浮躁心理流行。情绪型言论大量集中,并于网络空间大量传播。早在2006年2月,《瞭望》周刊就发表《中国社会底层普遍存在绝望心态》的文章,文章指出,社会底层的人群日趋定型,缺乏改变命运的渠道和机会,难以实现公正、合理、开放的向上流动,无业失业人员、低收入者和进城农民工等城市群体普遍对前途悲观,甚至绝望。新华网发展论坛转帖此文,跟帖长达5页,网民跟帖留言约2500条,支持率达到了98%以上,在很多煽情、愤怒和不满的表层下,流

---

[1] 李雨宸、汪洛伊:《关于自媒体公信力建构的分析研究——以微信公众平台为例》,《新闻传播》,2017年第1期。

转着一种深层的社会悲情。[1]

在热点舆情背后，是社会转型时期的深层矛盾和公众的内心郁结，主要体现为三个阶层的集体焦虑——底层诉求、新中产焦虑、体制内信心问题。社会焦虑是社会成员中广泛存在的紧张担心、不安的情绪状态。人民论坛问卷调查中心2013年3月就中国人的焦虑状况做了一次调查，近九成受访者认同“全民焦虑”已成为当下中国的社会病，超六成受访者自认焦虑程度较深，过八成公众认为焦虑情绪会“传染”。在网络传播环境下，人们之间信息沟通的速度被无限加快，情绪的传染也随之被无限加速。与焦虑情绪相关的事件，在过去可能不会成为公共事件，但在互联网时代就会被快速传播、放大，形成社会热点，并上升为公共治理的热点事项，甚至是公共危机事件。近年来，北方地区雾霾频发，冬季尤甚。2016年北京空气质量达标天数为198天，换言之，一年中有167天空气是不达标的，45.7%的时间有空气污染。在这种环境中，全民说霾，各种雾霾的段子流行。调查显示，雾霾与人们的情绪高度相关，雾霾浓度越高，焦虑程度越高，雾霾时间越长，焦虑持续时间越长。空气污染所引起的广泛性社会焦虑，很可能会引起人们对政府治理能力和治理决心的怀疑。

（二）权利意识的非理性表达屡见不鲜

当前，我国经济发展进入新常态，改革进入攻坚期和深水期，各种深层次矛盾和问题不断呈现，各类风险和挑战不断增多，社会思潮纷纭激荡，各种思想观念和价值取向日趋活跃，主流和非主流同时并存，互联网的匿名性、便利性等特点使其变成一个情绪场，网上充斥着诸多情绪化的非理性表达。比如涉及城管的舆情事件中，网民经常“惯性”地选择批判城管工作人员，带有偏见的调侃、讽刺、谩骂一拥而上，极端情绪化的表达背后，是对城管形象长期妖魔化后的极端恶果。

[1] 蒲红果：《说什么怎么说：网络舆论引导与舆情应对》，新华出版社，2013年，第15页。

根据马斯洛的需要层次理论，人们对自我权利和安全的关注是第二层次的基础需求。当前，中国基本解决了人们关于温饱等的问题，第一层次的需求已不再是最大的需求，人们对安全的关注度迅速上升。这里的安全，包括情感安全、身体安全、社会关系安全、法律安全、收入安全、住房安全、生活环境安全等多个方面。正如提出“微政治”概念的北京大学政府管理学院教授王丽萍所言：“今天的政治已经与曾经很长时间主导人们政治生活的对理念、信仰、制度、权威等价值和相关命题的关切渐行渐远，而更多地表现为对民众日常生活的关注，或仅仅是对民众具体、细小甚至琐碎诉求和问题的回应。”[1]对照近几年的网络舆情热点事件，北京和颐酒店女生遇袭事件之所以一夜之间成为热点，正是人们出于对自身安全的关心；雷洋案件在网民“今天不关心雷洋，下一个遭遇不测的就是自己”的担心和心理暗示下，迅速引发热议，体现了人们对法律安全、公平正义的渴望；房价高企、学区房事件等折射了人们对住房安全的忧虑；股市熔断机制、70年居住产权房屋到期续费、封闭式小区道路开放等议题引发广泛讨论，背后也是人们对于财产安全的担忧……值得注意的是，一些别有用心的营销和炒作利用网民的权利主张，恶意借题发挥，混淆视听。2016年9月甘肃杨改兰事件跨平台反复传播。[2]一篇署名作者为“格隆”的微信营销号文章《盛世中的蝼蚁》引发争议，文章将个案悲剧贴上“因贫穷致死”“取消低保致死”等标签，引发网民对政府扶贫、低保制度以及贫富差距、社会不公的讨论。随着相关信息的披露，网民开始批判用他人悲剧宣传自己、达到吸粉盈利目的的“作者”，认为不应将

---

❶ 左广兵：《“微政治”蔓延挑战中国治理生态》，《人民论坛》，2012年第18期，http://paper.people.com.cn/rmlt/html/2012-06/20/content_1068936.htm?div=-1.

❷ 廖灿亮：《【舆情观察】年度分析：2016年网民社会心态大起底》，人民网舆情监测室微信公众号文章，2016年12月5日。

个别极端事例臆想至普遍情况。[1]

(三)阶层固化引发的舆论情绪需要加以引导

阶层固化是指社会流动竞争中,出现先赋因素相对于自致因素占据明显优势、社会流动通道壅塞、社会跨阶层流动尤其是上行流动趋缓甚至停滞的一种趋向。[2]国内不少学者尤其关注阶层固化带来的负面后果,特别是中下和下层阶级会因为社会地位、收入、声誉的固化产生一种相对剥夺感。[3]2017年4月,一位农民出身的作者范雨素在网上意外走红,她以"弱势群体"的人设和阅读量超过400万人次的自传体文章《我是范雨素》走进公众视野,强烈反差引发舆论热议。在文章中,她以自叙的方式讲述了自己几十年的经历,写她有文学梦的哥哥,写她不屈的农村强者母亲……这篇描写苦难的作品,并没有过多地渲染苦难,而是呈现出小人物处在社会底层的乐观生活态度与精神富足,戳中网民泪点,也征服许多媒体,人民网评文章《从范雨素想到沈从文》写道,沈从文、范雨素们都从乡野走来,在底层挣扎,却以文字名世。一些媒体将范雨素的非虚构写作与路遥《人生》里的高加林、叶辛《蹉跎岁月》中的柯碧洲等相提并论,认为范雨素的命运与这些人有很多共性,"他们都是小人物,同时又怀揣着不肯放弃的梦想"。许多业界人士还将范雨素等人的文体称作"打工文学"。范雨素就这样变成了"网红",一个出身低微、含辛茹苦、坚忍不拔、心怀梦想的草根形象拔地而起,引发包括城市中产阶层在内的跨越社会阶层的共鸣,有人形容这是"初中毕业的农民工自传刷爆白领朋友圈"。

---

[1] 廖灿亮:《〈刺死辱母者〉何以成爆款? 社会影响不可小觑!》,人民网舆情监测中心微信公众号文章,2017年5月31日。

[2] 杨文伟:《转型期中国社会阶层固化研究》,中共中央党校,2014年博士论文。

[3] 周羚敏:《歧途与希望:阶层固化对青少年犯罪的影响分析》,《广西政法管理干部学院学报》,2011年第5期。

范雨素们在网络空间走红的关键心理因素，正是网民对突破阶层、实现逆袭的追捧，在他们身上找到了情感共鸣。面对社会流动缓慢、阶层固化的现实，面对网民在社会热点事件中因这一现实引发出的各种共情，迫切需要加强关注，增强弱势群体的民生保障，提供更多发展机会，加以引导，让人心回暖。人民日报法人微博也曾经呼吁："当财富越来越集中，当贫穷出现代际传承，我们当警醒。给'田舍郎'辟一条上升通道，给穷孩子许一个可期的未来。青年有梦想，中国有希望。"

同时，阶层对立使社会缺乏理性、客观、公正、宽容的环境，阶层固化的社会里没有赢家。[1]近两年来，个别微信公众号在网上发布文章，博眼球，赚流量，牟取暴利，抛出"你的同龄人正在抛弃你""在北京，有2000万人假装生活"等论调，人民网舆情监测中心发文警示，这些公众号"抛弃的恰恰是社会常识、道德底线、伦理价值和法律约束，其泛滥乃至成灾，让社会转型期的舆论焦虑被错误的价值观所裹挟，加重了焦虑情绪，误导了舆论，不仅于事无补，而且产生极大副作用。"[2]《人民日报》将此类文章称为"毒鸡汤""精神鸦片"，"往小里说，浪费大家的时间和精力；往大里说，不利于社会不良情绪的疏导，甚至会撕裂社会情绪，不可不察。"[3]

---

❶ 黄豁：《消解"阶层固化"隐忧》，《瞭望新闻周刊》，2011年第2期。

❷ 胡永明：《"被抛弃"何以成80后新标签？精神鸦片当休矣！》，人民网舆情数据中心微信公众号文章，2018年4月10日。

❸ 熊建：《学会漠视无谓的话题》，《人民日报》，2018年4月10日第13版。

第四章　网络舆论场的基本特点

“场”，源自于物理学中磁场的概念，后来被引入社会科学领域，用来解释社会运行现象。场域是一个相对独立的网络空间，它具有如下特征：第一，场域是一个关系的网络空间。场域中布满了各种关系束，这些关系束就像磁场中的磁力线一样作用于其中的主体；第二，场域是一个相对独立或半自主的社会空间，布尔迪厄认为，场域是一种社会空间、意义空间；第三，场域是一个时刻充满着力量关系对抗的空间；第四，场域是一个共时态与历时态相交融的空间，主体因拥有不同的资本数量的结构而在场域中占据不同的位置或地位，从而形成了共时态的差异。[1]舆论场被认为是特定的舆论主客体相互作用而形成的具有一定强度和能量的时空范围，[2]网络舆论场则是融合了新媒体场、心理场、社会场的复杂场域。[3]作为一个开放复杂的话语表达空间，网络舆论场拥有其他社会舆论空间所不具备的特性。

第一节　网络舆论场上存在多样博弈

网络舆论场上众声喧哗，昼夜不息，各方利益主体相互博弈，或针锋

---

❶ 李彪：《当前社会舆情场域态势与话语空间转向研究——基于网络舆情新变化的分析》，《暨南学报（哲学社会科学版）》，2016年第6期。

❷ 项德生：《试论舆论场和信息场》，《郑州大学学报》，1992年第5期。

❸ 余秀才：《网络舆论场的构成及其研究方法探析》，《现代传播》，2010年第5期。

相对，或达成妥协。从舆情走向来看，当前网络舆论场上至少存在着三种博弈形态：舆情撕裂、舆情统和、舆情反转。

一、舆情撕裂

顾名思义，“舆情撕裂”体现观点的强互斥性，双方在话语表达、观点诉求等各方面都不尽相同且难以妥协，形成比较鲜明的舆论阵营，并在一段时间内处于对抗状态。

（一）“两个舆论场”之间的舆情撕裂

在现实生活中实际存在着两个舆论场：一个是老百姓的口头舆论场；另一个是新闻媒体着力营造的舆论场。在当前的新媒体格局中，微博、微信和主流媒体，分别是这两个舆论场的代表性媒介。[1]

以微博、微信为主的口头舆论场上，人们表达自己的观点和看法，讨论话题多元、互动交流便捷、自由平等对话、聚集民意快速、传播影响力巨大，形成了以碎片化和趋利性为主要特点的民间舆论场，与以主流媒体为主的舆论场在互动中不断碰撞和摩擦。特别是中国正处于经济社会的转型期、改革的攻坚期和矛盾的凸显期，“两个舆论场”往往容易产生意见分歧，在舆情的发酵中，甚至形成对抗与撕裂，这种对抗与撕裂，在一些重大突发事件、舆论监督、政务公开领域显得尤其激烈。

（二）网络精英和普通网民之间的舆情撕裂

2016年3月，山东问题疫苗案曝光，涉案金额5.7亿元，流入24个省市，引发舆论“地震”，并出现各种连锁反应。网上流传着疫苗不良反应案例，因为接种疫苗后出现副作用反应而致残致死的儿童照片触目惊心。同时，网络上围绕一类疫苗、二类疫苗、有毒疫苗、带不带孩子打疫

---

[1] 人民网：《舆论引导重在打通“两个舆论场”》，2016年8月15日，http://theory.people.com.cn/n1/2016/0815/c49154-28636206.html.

苗的讨论，沸沸扬扬，尽管国家食品药品监督管理总局、国家卫生计生、委、公安部联合召开发布会，尽管世界卫生组织官方微博一日连发三则消息，仍然无法完全平息巨大的舆论恐慌。有的家长带着孩子去国外打疫苗，更多的家长在网上忧心忡忡，3月22日《疫苗之殇》的文章、视频"系列"瞬间刷屏网络，将一直弥漫的恐慌情绪推向高潮，引发新一轮关于疫苗问题的嘈杂争论。同一天，网络名人"和菜头"的微信公众号"槽边往事"推送了一篇题为《每一个文盲都喜欢用"殇"字》，也迅速刷爆朋友圈。对于这篇文章，有网民表示"作者在自以为完成科普之后，又居高临下地鄙视了一下追随者的智商，用张图片说明被情绪左右的大多数上网者是低学历者"，并直接抨击到，"作为媒体人，《每一个文盲都喜欢用'殇'字》的作者和菜头先生，此时他不应该晒学问和智商的优越感，他应该晒的是一个文人的良知。"[1]

我们发现，尽管"和菜头"在文章中引用的网民学历分布图源自国家权威部门公开发布，但这并不妨碍他在文章发出后遭遇网民的抵制，事实上，网络的开放性、匿名性、交互性等特点也赋予相对弱势的普通网民阶层一个自我实现、张扬个性的平台，借助网络，普通网民可以大胆地宣扬自己的观点、展现自己的作品。因此，精英群体的言论在网络一旦被普通网民认定是傲慢的、专制的、冷血的，甚至仅仅是不合意的，就很容易成为普通网民群体的一次另类狂欢，他们通过直接斥责、恶搞反讽等集体行动，获得对抗霸权、道德规训和社会控制的快感，客观上造成围绕特定议题的舆情撕裂。

（三）服务器与人之间的舆情撕裂

首先直接给出结论：在网络空间，服务器能改变舆论。

机器和人，在2015年9月3日产生了意外交集。这一天，纪念中国人

---

[1] 引自网民"安徽于继勇"的个人微博，2016年3月23日，http://weibo.com/1317153941/DnutfuYPX?type=comment.

民抗日战争暨世界反法西斯战争胜利70周年阅兵式进行,从上午9点开始,举国上下大多数人都在看阅兵的电视直播,网络上满屏皆是阅兵元素:威武的人民子弟兵、精神抖擞的耄耋老兵、英姿飒爽的女兵、先进的武器装备、阅兵蓝……网民一边舔屏一边沉浸在无上的民族自强自信自豪中。上午10点29分,明星范玮琪在微博上晒出自己双胞胎儿子的照片,并配文"小乌龟模式开启新的一天",网络舆论从这里开始悄然发生变化。由于本来就是明星,与粉丝的互动很快达到了一个小高潮,跟帖数达到了新浪服务器设定的小时热门微博推荐的门槛,11点25分至12点25分服务器自动抓取这条晒娃微博进入了新浪热搜的推荐页面。正在刷微博的人,发现热门微博推荐榜单里,在各种阅兵话题中竟然夹着一个晒孩子的微博,非常醒目,但也极不协调,于是其中一部分人就点进范玮琪微博,留言发泄不满,引起争论,造成微博跟帖数更多。其数据变化进一步被服务器抓取,推进24小时热门榜,引发更多的关注和争议。

这一事件的两个因素塑造的非典型情境需要引起注意,一是9月3日当天,股市停开,娱乐节目禁播,阅兵几乎成为社会唯一关注议题,二是范玮琪本身就是"晒娃狂魔",喜欢在微博上发孩子的各种照片。试想,如果是平日,范玮琪一条晒孩子的微博,很容易就被淹没在各种各样的新闻和议题中,几乎不可能进入服务器抓取推送热门的门槛。因此,服务器,准确地说,是服务器的算法语言,就成了具有强大影响力的"舆论主体",和网民、政府、媒体等一样,存在于网络,平时悄无声息,偶尔显露峥嵘。服务器通过算法语言改变舆论,再通过舆论改变世界。巧的是,"服务器"和"范玮琪",拼音首字母都是FWQ,因此,有学者将此事件定义为FWQ事件,它标志着服务器正在改变舆论,未来的舆论战,将是一个有服务器参与的舆论战!

(四)针对国内外敌对势力网络渗透的回击

西方反华势力一直妄图利用互联网"扳倒中国"。20多年前,有西方政要就声称，“有了互联网，对付中国就有了办法”“社会主义国家投入西方怀抱，将从互联网开始”。美国前驻华大使洪博培说的更直白，他在参加总统竞选时说，“我们应该在中国境内团结我们的盟友和支持者，他们是年轻人，是新的互联网一代。他们带来的变化，足以扳倒中国。”近两年来，互联网舆论斗争逐渐引起人们的重视，国际敌对势力通过网络渗透影响青年一代的信念、信仰、价值观等，对我国的社会改革、政治稳定产生了巨大的影响。

2013年中央办公厅列出当时在社会上广泛存在的七种错误思潮，包括历史虚无民主、“普世价值”、宪政民主、公民社会、新自由主义、否定改革开放、西方新闻自由。这些思潮到现在依然存在，而且随着时代发生变化，改头换面，层出不穷。

2015年7月底，北京获得2022年冬奥会举办权不久，外媒主推观点“2008年奥运会没能促成中国人权的改善，中国今天的人权反而‘更糟了’”和“北京张家口缺雪，大规模人工造雪有可能伤及环境”在网上开始流传，几乎马上就受到爱国网民的反驳与回击。

二、舆情统和

统和，本意是统理协和，是一种相对稳定、动态平衡的状态。所谓舆情统和，是指不同的舆论阵营在特定情形下，对某一话题或社会事件，达成某种程度的共识与协作。

（一）舆情统和的特点

在传统媒体时代，社会的话语权基本掌握在主流媒体手中，信息从主流媒体单向传播到受众，传播者的“把关人”效应突出，受众向主流媒体反馈意见、受众之间分享信息渠道有限，信息双向流动相对迟缓，传受双方在信息交互方面地位不对等，舆情统和失去了对话基础。在网络时代，这种传播格局被颠覆，为网络舆情统和的出现创造了条件，其特点表现在两个方面。

一是动态性。在互联网上，信息传播渠道下沉，普通网民和媒体组织一样，可以自主发表言论、传播信息，传受身份边界模糊，互动便捷频繁，双方作为舆论主体的相对话语强势处在不断地变化之中，围绕一些话题，不同舆论阵营的话语主体从各自的价值取向、利益关切出发，相互补充，相互呼应，共同形成特定议题的舆论基调。

二是条件性。如果说网络舆论场上的舆情对抗是无条件的、随处可能发生的，那么舆情统和就是一种有条件的现象。首先，话语主体的多数需要在一定期限内对特定议题保持关注；其次，围绕这一议题的意见，多数人的价值取向、利益诉求基本一致；再次，对特定议题的意见表达自由、渠道通畅，并能得到网民大量自主传播与分享。

三是边界性。网络舆情的统和，必须遵守一定边界，这条“边界”，更多地观照网络舆论能到达的心理底线、情绪阈值，在边界之内，舆论主体友好互动，良性博弈，逐渐达到并保持有效平衡，一旦突破边界，便会招致反感，破坏平衡，引发舆论反弹。

（二）舆情统和的情境

从现实情况来看，网络舆论场上的舆情统和，都是在特定的情境下才出现的：一是国家发生灾难性事件时，比如地震、2011年7月的甬温线动车事故、2015年6月的“东方之星”沉船事件、2015年8月的天津大爆炸等；二是国家重大政治活动期间，比如每年全国两会、2015年9月3日纪念中国人民抗日战争暨世界反法西斯战争胜利70周年阅兵式、每年12月13日南京大屠杀死难者国家公祭日活动等。在这些情境之中，民间情绪和高层政治共振明显，网络舆论场上正能量爆棚，舆论共识度很高。

以地震时“两个舆论场”的舆情统和为例。当灾难信息曝出，两个舆论场在关注细节、价值导向上迅速达成共识：主流媒体动态公布抗震救灾的最新信息，民间舆论场则积极动员社会力量参与抗震救灾；主流媒体公示赈灾钱物的去向，民间舆论场则监督赈灾物资使用和灾后重建情况；主流媒体展现救灾现场的动人事迹，民间舆论场则点赞感人事迹、追捧英雄人物；主流媒体公开问责处理等后续内容，民间舆论场则追问事故原因以及问责处理执行情况……

再以国家公祭日为例。2014年2月，我国正式将每年12月13日设立为南京大屠杀死难者国家公祭日。国家公祭日微话题三天阅读量超过20亿，创社交媒体新纪录。2014年7月6日，国家公祭网正式上线。2014年12月13日，习近平总书记出席首次公祭日仪式。当日，南京公祭日活动主场地设在南京大屠杀遇难同胞纪念馆，吸引众多媒体报道，市民也通过各种方式抒发情感、寄托哀思。网络平台上，通过网站、微博、论坛等，网民、各类单位和组织纷纷燃烛献花。“牢记历史、勿忘国耻”“铭记历史、珍爱和平”，以及对祖国强大的民族自尊心、自豪感、自信心弥漫网络空间，成为网民国家意识表达的新符号。

（三）舆情统和的反弹

近年来，我国灾难事件频发，个别媒体对灾难性事件进行套路式宣传报道，一些自媒体账号开展“消费灾难”式的煽情传播，引起不少网民明显的厌恶。2015年8月12日深夜，天津市滨海新区天津港发生大爆炸，原因不明、死伤不明、责任不明、救援情况不明……网民信息重度饥渴，急需了解事实真相，一张“世界上最帅的逆行”的图片开始在网络上疯传。这张网民自发制作的图片，在事故发生第二天中午12:28，阅读量就突破650万。在对死难者的痛惜和对消防官兵的敬爱之下，网络上照例出现了灾难性事件中的“熟面孔”：“灾难无情、爱满津城”“大爱无疆、心系一方”“最帅的逆行、最美的人”，点蜡烛、献花，“满满的正能量，为天津人点赞，为塘沽祈福”……8月13日当天，在凯迪网络社区上，有网民旗帜鲜明地亮出《如无人问“津”，请拒绝感动》[1]，直言这些“熟悉的煽情

[1] 王石川：《如无人问“津”，请拒绝感动！》，凯迪网络微信公众号文章，2015年8月13日。

套路，廉价的感动‘彩排’，又来了”，并一针见血地指出“对待人祸，追问比感动更重要。有时，你的感动容易成为遮掩真相的工具，沦为歌舞升平的鼓声，或者无意中扮演了冲突主题的去污剂。”作者在文中详列了“拒绝感动”的原因：“因为至今仍不知道究竟有多少人遇难，有多少人受伤”，而每个死伤者背后，都可能是一个家庭的破裂乃至破碎；因为“已有11名消防人员牺牲，数十名消防官员失联”，他们生死未卜，却不追问谁是肇事人而止于感动，跑偏了；“因为事故原本或可消弭”，就在爆炸发生前几天还有官员要求企业自查自检；“还因为这次爆炸或有让人难以接受的悲惨事实”，这一起可能是中华人民共和国成立以来危害最大的一次火灾，接下来可能还有令人措手不及的细节；“还因为一些细节令人愕然”，当地部门对事发地的空气质量监测“未见异常”的结论和记者在事发现场“只停留十分钟就咳嗽和呕吐”的差距实在太大……

三、舆情反转

近年来，一些新闻热点事件常常发生反转——事实真相往往与最初曝光的大相径庭，相关言论也随之发生颠覆性的变化。从反转次数来看，舆情反转分为一次反转和多次反转，次数越多，变数越大。从反转周期来看，有的舆情反转事件两三天便尘埃落定，有的则能持续数月甚至跨年。舆情反转现象频发，一方面暴露网络理性建设的不足，另一方面也说明网络舆论场自我纠偏机制正在迅速形成。

（一）案例导入

2015年5月，堪称“网络舆情反转月”，一个月内密集发生了众多在全国范围内有重大影响的舆情反转事件，仅仅月初几天，就有云南导游辱骂游客事件、成都男司机暴打女司机事件、上海小学生为女老师打伞事件等，网络舆论随着事件一波三折，数次反转。5月1日，刚进入小长假，一段“云南女导游嫌购物少辱骂游客”的网络视频激起网民公愤，女导游陈某成为众矢之的，被停职处罚的同时遭到人肉搜索，4日《京华时报》用一整版的篇幅对事件来龙去脉及导游群体的生存现状做了梳理，同时对当事人进行采访，当事人的回应——“不该骂人，但也很‘委屈’”转而成为舆论焦点。5月4日，上海一组小学生为女教师打伞的照片出现在微博。在多张照片里，一名小学男生一直为一名女老师打伞，女老师则颇为“霸气”地戴着墨镜为自己扇扇子。不少网民开始批评老师行为恶劣，缺乏师德师风，指责学生小小年纪就会溜须拍马。然而，事情更多细节陆续披露出来，女老师平时就和学生关系比较亲密，学生主动为她打伞，她并没有拒绝，孩子平日里也很阳光、懂事……

2016年，上海女孩春节逃离江西农村事件、东北农村礼崩乐坏报道事件、北京市西城区文昌胡同天价学区房事件、重庆大妈碰瓷儿童玩具车事件、宿州男子术后右肾丢失事件、罗一笑事件等，都成为影响全国、轰动一时的舆情反转典型。这些舆情反转事件，从案例领域看，涉及婚恋、教育、住房、医疗、司法等民生问题和社会道德、城乡差距、社会公平、警民关系等政治议题；从年龄分布看，囊括了青年、中年、老年各类群体；从社会阶层看，学生、农民、新兴中产阶级尽数覆盖；新兴中产阶层关注的各类民生问题，往往成为舆情反转事件高发问题，且与年度网络舆情热点事件吻合度较高。

（二）舆情反转的原因

从某种程度上来讲，舆情反转是当代社会新闻失实现象的放大反映，其产生原因可以从以下三个方面去分析：

1. 渠道限制：眼见不一定为实

“有图有真相”“所见即所得”，这些在传统媒体时代适用的规律，在网络时代，有可能误导人们得出错误的结论。当前，无论是微博还是微信，无论是图片还是视频，对事件的报道都是以碎片化的形式进行的，因此人们对事件的认识也必然有一个逐步拼凑—相互印证—最终还原的过程。2015年5月成都男司机暴打女司机事件就是如此。5月3日晚8点左右，华西都市网刊发《女司机变道遭男子暴打》，并贴上35秒现场视频，瞬间引发数万网民转发。舆情几乎是一边倒地谴责男司机，甚至有网民发出“转起看看他到底啥背景，全网扩散”的“人肉搜索令”，而女司机获得了绝对的同情和支持。第二天，男司机行车记录仪曝光，看完事发全部经过的十几分钟视频，网民才发现前一日令人愤怒的男司机“打人”只不过是整个事件的一个环节，女司机恶意别车、随意变道、口出脏话等让她从受害者一下子变成了众人接力吐槽的标靶，网络舆论出现戏剧性反转。

2. 组织制造：媒体记者“专业造假”

在信息传播竞争激烈的媒介环境下，媒体机构的新闻报道被证伪的情况也时有发生，原因包括两个方面，一是记者原因，一些记者主观臆断、模糊化表达甚至凭空杜撰，产生虚假新闻。2016年春节假期，《财经》杂志要求记者返乡，每人写一篇返乡日记，其中一名高姓记者便杜撰了《春节纪事：一个病情加重的东北村庄》一文，并在微信公众号发表。文章引起社会各界广泛关注，新华社记者深入事件发生地调查，发现返乡日记并非返乡之作，文中描绘的种种礼崩乐坏的时间、地点、人物都是虚构的。高姓记者本人也承认“春节并未返乡，文中的时间、地点、人物均为虚构”。[1]

二是媒体原因，一些媒体机构出于对新闻报道时效性的需求，不断挤压对新闻真实性的考证时间。为了第一时间报道，一些网络媒体甚至会提前“做好”相关专题报道，只等事件一发生就马上从各平台向读者推送，为出现舆情反转埋下隐患。

3. 思维定式：标签化思维代替了复杂论证过程

在舆情流变过程中，网民的标签化思维同样扮演了重要角色。在标

[1] 人民网舆情频道：《盘点2016年上半年20条反转新闻》，2016年7月4日，http://yuqing.people.com.cn/n1/2016/0704/c209043-28523242.html.

签化思维作用下，人们用长期以来对某个群体、某类事物形成的刻板印象，评判具体的人和事。在网络热点事件中，真相尚未完整还原，网民就草草做出评判，非黑即白，以偏概全。一段时间内，城管因为城市执法、拆迁等问题，在网络舆论场上被污名化，小贩捅死城管，却鲜少有人关心城管的家人。一起普通的医患纠纷，如果当事者是官员的身份，舆论关于官员的所有负面印象，就会立刻被调动起来，压向当事人，事情的本来面貌，反倒鲜有追问。

4. 舆论审判：网络民意被利用

长久以来，媒体在舆论监督过程中，经常有罪推定，先于司法部门向社会公开案件细节、称嫌疑人为罪犯等缺乏法律常识的行为时有发生。网络时代，媒体审判主体从传统媒体组织进一步扩大到广大网民，事件一出，网民齐声宣判，司法部门承受的舆论压力更大。2011年的药家鑫案就是网络审判的典型案例。从法律意义上讲，药家鑫属于非预谋性杀人，且有自首情节，按照刑法规定自首可以从轻或者减轻处罚，因此，药家鑫是否该判死刑在法律学界是有争议的。但是，舆论给药家鑫贴上了“富二代”“官二代”的标签，迎合因同期发生的另一起案件——“我爸是李刚”——激起的网民汹涌的仇官仇富情绪。在案件审判过程中，媒体又通过大量负面报道倾向，进一步放大了药家鑫“撞伤不如撞死”的残忍与冷漠。随着案件调查的深入，尽管有不少法学家呼吁从轻宣判，但是在强大的网络“民意”压力之下，药家鑫最终被判死刑。甚至在药家鑫被执行死刑之后，仍有网民拍手称快。事件的转折发生在药家鑫的父亲起诉原告代理人名誉侵权并胜诉，人们才发现，正是这个律师，以普通网民的身份，利用网民仇富仇官心理，通过发布博客、微博，接受采访等方式，夸大和歪曲药家家世背景，蓄意挑动网络舆论，营造不利于药家鑫的审判环境。

第二节 政府初步有力地掌握了网络舆论主动权

2014年2月7日，习近平总书记在俄罗斯索契接受俄罗斯电视台专访时明确表示，中国改革经过30多年，已进入深水区，可以说，容易的、皆大欢喜的改革已经完成了，好吃的肉都吃掉了，剩下的都是难啃的硬骨头。[1]改革进入了深水区，社会治理负重前行，网络舆论管理作为社会治理中的难点，本届政府将其提高到了国家战略的高度，进行顶层设计，并取得了明显成效。

一、政务传播体系初具规模

目前，政务传播体系主要包括两支队伍，一是政务微媒体队伍，包括各级党政机关的官方微博、官方微信和客户端，二是党报党媒融媒体队伍，包括党报党媒法人微博、微信公众号和新闻客户端。政府借助多样化渠道，对话网络民意，消解网络戾气，传播正能量，与传统主流媒体共同发力，初步有力地掌握了网络舆论的话语权。

（一）政务微媒体形成规模

当前，微博、微信、微视频等基于移动互联网的微应用已经成为主流的传播方式，并向政务领域延展。2015年2月，国家互联网信息办公室在政务媒体建设发展经验交流会上首次提出“两微一端”的概念。2016年2月19日，习近平总书记在党的新闻舆论工作座谈会上指出：“要适应分众化、差异化传播趋势，加快构建舆论引导新格局。要推动融合发展，主动借助新媒体传播优势。”2016年7月30日，国务院办公厅印发了《关于在

[1] 新华网：《习近平接受俄罗斯电视台专访》，2014年2月9日，http://www.xinhuanet.com/word/2014-02/09/c_119248735.htm.

政务公开工作中进一步做好政务舆情回应的通知》，要求各地区各部门要适应传播对象化、分众化趋势，进一步提高“两微一端”的开通率，充分利用新兴媒体平等交流、互动传播的特点和政府网站的互动功能，提升回应信息的到达率。根据中国互联网络信息中心发布的《第39次中国互联网络发展状况统计报告》，截至2016年12月，我国在线政务服务用户规模达到2.39亿，占总体网民的32.7%。全国共有.gov.cn域名53546个，政务微博164522个，政务头条号34083个。网民使用最多的在线政府服务方式是通过支付宝或微信城市服务平台，占比17.2%，其次依次是政府微信公众号（占比15.7%）、政府网站（占比13%）、政府微博（占比6%）和政府手机端应用（占比4.3%）。

政务微博作为政务新媒体阵营中的核心力量，截至2017年3月31日，经过新浪平台认证的政务微博达到168839个，较上一年度增加4317个。2009年下半年，湖南桃源县政府在新浪开通微博“桃源网”，成为中国第一个开通政务微博的政府部门。2011年，各级政府真正拥抱微博时代，政府微博发布厅、地方政府微博群、舆情应对、官员微博带动、微博公文等多种模式横空出世，政务微博发展趋向成熟，涌现出一批优秀的部门微博和官员个人微博，社会对政务微博也表现出极大的兴趣，当年腾讯微博上时任浙江省组织部部长蔡奇的个人微博就拥有近600万的粉丝。经过十几年的发展，政务微博的策划运营能力、突发舆情应对能力、联动发布能力、与网民互动的能力都得到了极大的提升，在社会热点事件中积极发声、沉稳自信、有效引导舆论。

（二）传统媒体转型为融媒体方阵

除了政务微媒体体系，政府还积极推动媒体融合，党报党媒在探索融合发展的过程中，逐步形成了各自的融媒体方阵，初步形成了一个传统媒体与新兴媒体并举、官方声音与民间舆论呼应的舆论引导格局。《人民日报》曾刊文分析：鉴于青年一代将互联网作为获取信息的主要途径，大量热点在网上迅速生成、发酵、扩散，传统媒体的舆论引导能力面临挑战，互联网已经成为舆论斗争的主战场。新闻传播要从“铅与火”“光与电”走向“数与网”，通过微博、微信、移动客户端等有效引导舆论。

以人民日报、央视新闻、新华社等为代表的国家级媒体大举进军新媒体领域，并开始影响网络舆论场的议程设置，其中，人民日报已经由一份报纸，转变为全媒体形态的“人民媒体方阵”，拥有报纸、杂志、网站、网络电视、网络广播、电子屏、手机报、微博、微信、客户端等10多种载体，共拥有29种社属报刊、44家网站、118个微博机构号、142个微信公众号及31个手机客户端，覆盖总用户超过2.5亿人次。中央电视台建立了以央视新闻、央视影音、央视体育、央视悦动等客户端为核心的媒体融合产品体系。新华社2015年6月推出新版客户端，在全国签约建设了1000多个党政客户端，是我国最大的党政客户端群。[1]

与此同时，传统媒体在线上过境，积极部署国际网络空间工作系统。2017年1月7日，人民网发布报道称，中国官方媒体在诸如推特、脸书等海外社交平台聚集了成百上千万粉丝，发展速度令人惊叹。人民日报、新华社、中央电视台海外社交平台账号粉丝量及关注订阅数分别达到3370余万、2200万、5335万，与《纽约时报》、美国有线电视新闻网（CNN）等西方主流媒体的差距逐渐缩小。[2]

二、政府治理与平台自治双管齐下

移动互联时代，党政部门既要善于管理互联网，又要善于利用互联网，鼓励网络社区自治，激活各类微媒介特质，帮助网民提高媒介素养，珍惜网络话语权，推动形成客观理性的网络生态。

政府治理方面，各级网络安全和信息化领导小组、国家互联网信息办公室、宣传部、信息安全管理部门等相关党政机构建立了一整套网络

[1] 杨振武：新媒体时代，华文媒体迎来“弯道超车”机遇，《人民日报》，2015年5月21日。

[2] 刺猬公社：《入驻B站、推出CGTN、在脸书上人气飞涨？央媒最近有点拼》，2017年1月9日。

舆论监测、舆情应对、舆论引导的管理谱系，同时通过政务微博微信积极参与社会讨论，降低网络噪音，挤去舆论泡沫。“让激越者回归主流，让躁进者重拾从容，左右极端思潮都靠边站，社会认知向中线靠拢，做大做强主流舆论。”❶

平台自治方面，首先，微博作为一个公开、互动、多元的信息平台，具有独特的优势，一是在重大事件中往往能成为网络舆论的集散中心，在信息传播的速度和丰富程度上都领先于其他微媒介，二是微博具有一定的自净能力，谣言等有害信息出现的同时，也会伴随着各种批评性的其他意见，在一定程度上净化网络舆论空间。其次，相对于微博，微信的传播优势在于高度的私密性和可信度，基于熟人关系的信息转发，让微信的渗透率和动员力相当强大，然而，也正是这种圈子化的结果使谣言在圈内更不容易销声匿迹，而需要强悍外力介入消除不良信息的影响，因此，相对于微博，微信在自我净化能力上明显处于下风。最后，手机新闻客户端的用户规模已进入了稳定发展阶段，搜狐、腾讯、网易、新浪、今日头条、百度、凤凰等新闻客户端的活跃用户比例较高，新闻客户端承袭了相应媒体机构的把关功能，在提供真实、有效、有品质的信息方面让人有理由充满期待。

三、用中国梦引领网络理想

以习近平为总书记的领导集体表现出强烈的历史责任和担当。2013年11月，十八届三中全会就全面深化改革做出了总体部署，绘制了改革的路线图和时间表，涉及15个领域、330多项较大的改革举措，包括经济、文化、社会、生态文明和党建等各个方面，积极回应了社会热点和网民关注。

作为新一届领导集体的重要思想和执政理念，习总书记把“中国梦”

❶ 祝华新：《希望2014年挤去网络舆论的泡沫》，人民网，2014年4月8日，http://opinion.people.com.cn/n/2014/0408/c1003-24849698.html.

定义为“实现中华民族伟大复兴是中华民族近代以来最伟大的梦想”，并且表示这个梦想“一定能实现”。“中国梦”的核心目标也可以概括为“两个一百年”的目标，具体表现是国家富强、民族振兴、人民幸福，实现途径是走中国特色的社会主义道路、坚持中国特色社会主义理论体系、弘扬民族精神、凝聚中国力量，实施手段是政治、经济、文化、社会、生态文明五位一体建设。随着“中国梦”不断深入人心，2014年春晚歌曲《我的要求不算高》句句唱出老百姓心中的梦想，“八十平米的小窝，有个温柔的好老婆，孩子顺利上大学，毕业就有好工作，没有早晚交通高峰，看蔚蓝的天空，能挣钱还能有时间，养老生病不差钱，陌生人点头都是笑脸……”涉及住房、教育、就业、交通、环保、养老、医疗、诚信等所有社会热点话题，并在歌曲结尾处唱出“这就是我的中国梦，为了我的中国梦，我必须要有行动”，引导人们积极乐观、为实现中国梦而勤勉奋斗，很快得到网民的喜爱和转发，风靡一时。

围绕“中国梦”，政府和普通网民在网络上的交流越来越深入，一些“网言网语”甚至出现在了领导人的讲话中。2014年11月中旬，APEC会议在北京召开，会议期间，天高气爽，万里无云，空气质量良好，网络热议APEC蓝。11月10日，在为出席APEC会议的各国经济体领导人举行的欢迎晚宴上，习近平总书记也说起了APEC蓝，说起了中国梦。他以平易近人的口吻从自身经历说起，谈到空气质量，谈到APEC蓝，谈到生态建设，最后谈到中国梦，娓娓道来，水到渠成，赢得了中外舆论的一片赞扬。2015年9月26日，彭丽媛将“中国梦”讲到了联合国，在当天下午应邀出席联合国“教育第一”全球倡议高级别会议时，彭丽媛也从自身经历出发，提到父亲办过夜校帮助村民识字，自己亦是教育的受益者，在演讲的最后向世界宣讲“我的中国梦是让所有的孩子尤其是女孩接受良好教育”，赢得国内外舆论点赞。

在接下来“啃硬骨头”式的改革与发展中，借用互联网平台，弥合社会分歧，引导主流价值观，以对话和互动姿态求取与网民的最大公约数，用中国梦的社会理想吸引网民视线，使互联网变成可知、可控、可协商的舆论载体，正在考验着新政的耐受力，也为网民的“中国梦”社会理想提供一种新的解读视角。

第三节　网络舆论不断突破现有生态

加拿大传播学者麦克卢汉曾提出“媒介即信息”的著名论断，这一论断对传播媒介在人类社会发展中的地位和作用进行了高度概括。他认为媒介本身才是真正有意义的信息，对社会个体来说，媒介最重要的作用是“影响了我们理解和思考的习惯”，对于社会来说，真正有意义、有价值的“信息”不是各个时代的媒体所传播的内容，而是这个时代所使用的传播工具的性质、它所开创的可能性以及带来的社会变革。因此，媒介带给人们的不仅是一种角度、一种简单的介质，它可以使社会话语权力和社会话语资本在社会成员中重新分配。

一、技术变革不断升级媒介形态

网络技术作为一种新的传媒技术，逼迫着人类只能以信息化的方式、在信息化的框架下来接触世界。在商业领域，VR（Virtual Reality，即虚拟现实），一种综合利用计算机图形系统和各种现实及控制等接口设备，在计算机上生成的、可交互的三维环境中提供沉浸感觉的技术，正在试图颠覆传统。借助VR技术，人们有望彻底改变医疗、游戏、演艺、电商、比赛、新闻报道、教育、房地产、城市规划等多个行业和领域，获得在现场的浸入式体验。自2014年开始，脸书、索尼、三星、宏达电等都在布局自己的VR产品。2015年，马化腾在乌镇世界互联网大会上表示“取代微信的信息终端可能会是VR”。2016年，阿里集团成立VR实验室，并启动Buy+计划，搭建VR商业生态。

从传播发展史来看，每一次技术的变革都会带来媒介的变革，并对社会经济政治产生深刻影响。19世纪下半叶，印刷业发展，大众报业出现并迅速发展。“报纸总统”林肯用深刻的思想和出色的文采征服了那个时代的读者。20世纪初，无线电技术发展，1920年广播出现，“广播总统”罗斯福的“炉边谈话”时至今日都被世人津津乐道。20世纪五六十年代，视觉器具发明，电视开始兴盛。“电视总统”肯尼迪在镜头面前的突出表现赢得了选民的支持。20世纪90年代，电子信息技术、卫星、互联网、移动通信技术发展，互联网媒体迅速崛起。“网络总统”奥巴马在自己的博客、个人主页、各类社交软件上与网民聊天，他的演讲视频也被挂在白宫网站上。如今，移动互联技术向纵深发展，有文章如此预言：“就像是之前人们是通过报纸、收音机来认识这个世界的。但后来电视机，甚至之后的互联网普及后，人们通过电视和互联网认识世界，因为互联网电视具备了它们所有的功能，而且具备纸媒、图片、录音机那些东西不具备的东西，有一天，VR和AR也会具备颠覆手机、PC和互联网的能力，只是时间问题而已。”[1]未来不可知，唯一可知的，就是改变。

二、网络舆论向“外围地带”延伸

一些大学生和职场青年正利用新媒体创建一个亚文化生产场域，如简书、陌陌、平行世界、读读日报App等，与微博、微信热衷于追踪议论时事热点不同，他们在相对封闭的圈层中进行信息传播，一直游离于网络舆论的“外围地带”。[2]他们依托专业定位，在特定议题上分享话语权，知乎、果壳等一些专业科普类账号在2016年的各类网络热点事件中表现亮眼。网络舆论不断向“外围地带”延伸，显示着社会舆论的复杂多元性，

---

❶ 新华视点：《震撼性颠覆！所有人的手机将被它替代？》，2016年3月23日。

❷ 人民网舆情监测室：《【舆情观察】展望2017：把握互联网治理尺度 杜绝“舆论飞地”》，人民网舆情监测室微信公众号文章，2017年1月8日。

是当前网络舆论引导必须关注的新动向。

1. 知乎:依靠专业引领舆论的新兴典范

作为一个致力于分享专业知识、经验和见解的网络问答社区,知乎与新闻时政保持着一定的距离,相比微博等平台的喧嚣,此前的知乎甚至很少在公共热点话题中出现,然而,从近年开始,知乎却在公共舆论场中频频露面,并显示出不容小觑的舆论影响力。2016年4月的魏则西事件,起源于他本人病故前10天左右在知乎上发表的求医经历,正是这篇帖文,引起了调查记者的关注,从而引发舆论风暴。而且在其后的舆论纷争中,知乎也一直是重要阵地,在知乎上问题提出的角度以及答案的排名,在某种程度上可以引领舆论走向。2016年5月的雷洋案,发酵之初的贴文《关于人民大学雷洋同学意外身亡的情况说明》《愿以十万赞,唤回一公道》,也来自于知乎。

2. 果壳:科学思维与流行话语交融制造爆点

果壳,立志让科学流行起来,如今每月能吸引2500万人次的独立用户。2016年2月,引力波新闻爆出,这个让大众一头雾水的概念,果壳网迅速推出解读"今晚的'大新闻'到底说了个啥"[1],文章从《泰坦尼克号》里的杰克与露丝跳舞讲到"时空的涟漪",语言诙谐,并配置了大量动图,将一个艰深的科学问题讲得通俗又文艺、生动又有趣,该文章发布不到24小时,微信公众号阅读量就达到200万次,点赞近2万次。

在果壳社区,除了致力于破除各种没有依据的网络谣言,更积极介入各类公共突发事件,专门从科学立场、科技视角破题,在众声喧哗中理性发声,《做个手术,把肾做丢?"瞬间萎缩"有可能吗?》《广东伤医事件:我们该如何面对疑似精神病人?》《常州外国语学校中毒事件背后,是问

[1] 果壳网:《科学家直接探测到引力波了:今晚的"大新闻"到底说了个啥》,2016年2月11日,http://mp.weixin.qq.com/s?__biz=MTg1MjI3MzY2MQ==&mid=402633069&idx=1&sn=4f374c5d0db0c368fc2a017ce3d98444&scene=0#wechat_redirect.

题重重的土壤修复工程》[1]……

3. 其他专业社区

除了知乎、果壳，其他一些专业社区，如主打医疗科普的“春雨医生”、主打军事内容的“铁血社区”等，越来越积极主动地参与到社会热点话题中来。“春雨医生”在一篇名为《不打疫苗，才真的有殇》的文章里对妈妈们恳切规劝：“孩子没有决定是否打疫苗的能力，他们的健康掌握在你们手里。不要因为一则不符合传播伦理的报道、一篇消费悲情的文章、几条没有逻辑的留言，就罔顾疫苗的重要作用，不让孩子接种疫苗。最终为你们的不理性买单的，可能是孩子的生命。”[2]“春雨医生”与其他科普类账号，认真澄清一类疫苗与二类疫苗、疫苗质量与疫苗运输、毒疫苗与失效疫苗、不良反应与偶合事件的差别，这些声音汇聚在一起，最终改变了舆论的走向。

三、网络直播大行其道

2016年是网络直播井喷式发展的一年，作为“互联网+”的产物，网络直播凭借直播的便捷性、即时的互动性深受网民喜爱，迅速成为具有强大生命力的新兴交互方式。从直播主体来看，网络直播已从网红时代步入全民直播时代。从直播平台来看，网络直播从优酷、土豆等视频网站上传个人小视频的直播1.0时代，再到类似YY直播、六间房等网页端的直播2.0时代，已经发展到“随走、随看、随播”的3.0移动视频直播时代，[3]秒拍、花椒、映客、斗鱼、抖音、火山等各类直播平台迅速涌现。2016年，

[1] 果壳网：《常州外国语学校中毒事件背后，是问题重重的土壤修复工程》，2016年4月20日，http://chuansong.me/n/288468331678.

[2] 春雨医生：《不打疫苗，才真的有殇》，2016年3月24日，http://www.chunyuyisheng.com/articles/70479/.

[3] 韩元佳：《全民直播时代轰然到来狂欢背后的激情和困惑》，《北京晨报》，2016年4月18日，http://tech.ifeng.com/a/20160418/41595754_0.shtml.

微博引入直播进一步强化在短视频领域的覆盖优势，并正继续加强视频领域布局。《2017年微博用户发展报告》显示，2017年第三季度微博视频播放量同比增长175%。[1]

网络直播带来“全民狂欢”的同时，为舆论引导和社会管理也带来全新的挑战，体现在：一是网络直播的实时性，放大了直播内容的不可预测程度。特别是在突发事件的视频直播中，直播者虽然在现场，但他和观看者一样，都不知道接下来会发生什么。二是全民直播泛娱乐化和消费主义特点突出，花样百出的话题消解了观看者的理性认知，逐步在虚拟欢愉中沦陷，本质上无益于健康网络生态的维塑。三是大量低俗化、同质化信息充斥直播空间，加重了时下信息过载、手机使用加重的情况，使观看者获得真正有效信息的成本增加。2016年，国家出台了一系列政策法规，加大了对直播平台的监管力度。4月，文化部开展了对互联网直播平台违规直播行为的专项整治行动，并要求网络主播须实名认证。7月，文化部依法查处23家网络文化经营单位共26个网络表演平台。9月，新闻出版广电总局下发《关于加强网络视听节目直播服务管理有关问题的通知》，重申网络视听节目直播机构必须具有法定网络视听节目直播资质。11月，国家互联网信息办公室出台《互联网直播服务管理规定》，进一步对互联网直播服务提供者和互联网直播发布者提出服务资质要求。

四、新的网络社群不断出现

（一）“小粉红”群体

在微博平台中，数量庞大的“小粉红”凝聚在一批共青团系统官方微博周围，在涉及爱国表达的热点事件中，表现出90后强大的自我动员和

[1] 黄楚新、刁金星：《我国微博发展的现状、问题与趋势》，《中国记者》，2018年第3期。

组织能力。[1]

1."小粉红"的人口学特征

人民网舆情监测室在其《2016年互联网舆情分析报告》中,对"小粉红"群体进行了深入研究,刻画了这一群体的人口学特征:生于1992—1998年,女性居多(57.9%),总体爱好偏向娱乐化,有搞笑(9.04%)、幽默(8.98%)、旅游(8.84%)、音乐(7.30%)、明星(5.59%)等兴趣倾向。从地域分布来看,一线城市居住率为11.8%,二线城市居住率为34.2%,三线城市居住率为16.5%,四线及以下城市居住率为34.2%。

2."小粉红"的网络舆论影响

"小粉红"是网络舆论发展进程中的一笔亮色,是新时代年轻网民在网络舆论场上的一种表现。这群以90后为主体的年轻人,在接受良好教育的同时,感受着国家的发展和强盛,民族自豪感和自信心强烈,他们在百度贴吧、知乎等网络平台迅速崛起,为互联网自净注入一股青春血液,也很可能成为未来网络舆论场上的主流人群。

事实上,这一代年轻人给网络贡献的不仅仅是网络远征,他们用来观看视频时的"弹幕"(即悬浮于视频上方的实时评论),正在各个平台流行开来,并引发关注。B站,bilibili(哔哩哔哩)弹幕视频网的简称,曾经是相对小众、边缘的年轻人潮流文化社区,也越来越频繁地走进公众视线。据B站董事长陈睿透露,全上海超过一半的中学生是其网站的粉丝。在这里,这些年轻人以自己的方式表达着他们的关注:快播庭审期间,B站直播的弹幕成了场外另一个看点,批量吐槽覆盖了屏幕,被赞"全程高能""11万人在线的陪审团"。点击量突破5亿次的《那年那兔那些事儿》,以动物漫画的方式讲述中华人民共和国成立前后军事外交故事,内核是典型的主旋律,却使很多年轻人感动落泪。国内知名的军事评论家张召忠,此前以央视为阵地解读军事话题,却意外在B站成了人人爱

[1] 人民网:《小粉红崛起 富有文化自信的一代人怎样介入舆论》,2016年12月22日,http://yuqing.people.com.cn/n1/2016/1222/c209043-28968919.html.

戴的“张局座”，每一期节目都被搬运过来品读。

另一方面，年轻网民也容易表现出冲动和偏激，往往在维护主流价值观的同时不能包容思想自由，在警惕敌对势力政治图谋的同时也否定了吸纳西方先进管理经验的必要性。因此，需要帮助“小粉红”补充历史记忆，避免其为网上偏激主张所误导，增加理性爱国的储备，提高理性爱国的能力。

（二）新兴中产阶级群体

当下中国，大约1亿人可以被归入中产阶级行列。[1]相对于13亿人口，这个比例并不算高，但是，中产阶级作为舆论主体的影响力远远超过了1/13，近年来，几乎所有社会热点事件最终形成舆论事件，都离不开中产阶级的关注与推动。2016年的舆情事件，更多地涉及新兴中产阶级群体的人身安全、财产安全、人格尊严和法制保障，教育类舆情（如天价学区房、学校“毒跑道”、高考减招、校园霸凌）、医疗类舆情（如魏则西之死、山东非法疫苗案）、金融类舆情（如股市熔断机制、年收入12万以上被定为高收入群体要加税、共享经济）、社会类舆情（如北京和颐酒店女子遇袭）等舆情事件，屡屡戳中中产阶级痛点，引发群体围观。

在网络舆论场上，中产阶级的价值观和社会态度很大程度上塑造了主流舆论，有很强的议程设置能力，因此他们被底层人民寄予厚望，希望借着中产阶级争取自身权益的过程，顺带享受更宽松的社会待遇，也被舆论管理者寄予期望，希望中产阶级群体的温和与理性，成为社会矛盾的缓冲带和极端言论的消声器。然而，新兴中产群体发育尚未完成，一方面他们关注自身权益，关心中国社会的未来，积极建言献策，另一方面，他们极度缺乏安全感，教育、住房、医疗等问题能轻易改变他们现有的经济地位。这种既关注又焦虑的心态，使得中产阶级患得患失，在舆

[1] 熊易寒：《中国中产阶级的三幅面孔》，转引自微信公众号“思想之国”文章，2017年3月22日。

论场上时而亢奋时而消沉。

（三）大妈群体

2013年4月，中国大妈疯狂抢购黄金，《华尔街日报》甚至专创英文单词dama，调侃中国中年女性大量收购黄金引起世界金价变动，从此“中国大妈”话题不减，强势进入舆论场。2016年，“大妈”作为中年女性的代称，在网络舆论场上热度甚至超过“小鲜肉”“白富美”“高富帅”，最多出现在与广场舞、旅游、黄金、股票、居委会相关的新闻和文章中，[1]她们和这些场景发生碰撞，促成了舆论对中年女性的刻板印象。她们是国内生活水平上升的见证者、受益者，是广场舞的主力军，是股市楼市中“神一样的存在”，是马路上的碰瓷儿、闯红灯的专业户……

在目前的网络舆论场上，“中国大妈”是一种特殊的存在，她们既是频频在舆论中亮相的主角，又是在舆论中失语的群体。这也许与大妈很少在网上发声、在舆论场上的缺席有关，任由他人在互联网上将自己黑化。事实上，很多大妈也有正能量，“西城大妈”已经成为北京市西城区群防群治力量的名片，她们头戴小红帽、佩戴红袖标、身穿红马甲的卡通形象在网上深受喜爱，与朝阳群众、海淀网友齐名，活跃在保安行业、旅游行业、宣传、交通、建筑、商务等领域。根据西城警方提供的数据显示，西城大妈2015年度共计提供31777件线索信息，警方通过线索刑事拘留536人，侦破刑事案件467起，治安拘留1677人，侦破治安案件1273件，涉恐案件1203起，[2]为首都平安立下了汗马功劳，以正面形象集体走进了公共舆论。

---

❶ 朱燕：《舆论场上的“中国大妈”》，人民网舆情监测室微信公众号文章，2017年3月9日。

❷ 法制网：《“西城大妈”传承“小脚侦缉队”精神》，2016年3月11日，http://www.legaldaily.com.cn/zfzz/content/2016-03/11/content_6521279.htm?node=53450.

第五章　网络舆论引导的思路

网络舆论场上，话题分秒更迭，事件此起彼伏，舆论走向变幻莫测，关于网络舆论的引导，首先必须理清思路，才能确定舆论引导的方法策略。也许正是由于网络舆论风向易变，稍有不慎，后果不堪设想。本章从实用主义视角出发，主要论述网络舆论引导的关键思路和基本原则。

第一节　注重时效　实事求是

移动互联传播背景下，以秒为单位的传播成为常态，因此，网络舆论引导，首先要面对时效性的问题，通过选择合适时间点，撬动舆论引导的效度最大化。这里的"时效"，需要关注两个方面的问题：一是信息发布的速度，二是信息发布的节奏。

一、强调信息发布速度

掌握舆论引导的主动权，关键在于以快制胜、先声夺人，争当舆论事件的第一定义者、权威发布者。2016年11月，国务院办公厅印发《〈关于全面推进政务公开工作的意见〉实施细则》，规定涉及重大的政务舆情要在5小时内发布权威信息，对发生的舆情快速反应、快速处理，做好回应关切。

在很大程度上，无论是主动发声引导舆论，还是上下协调封堵有害信息，快速反应均为第一要求。尤其是在突发事件刚发生的时候，信息极度缺乏，如果不能快速反应，稍有迟缓，就会有谣言快速传播，先入为主，占据人们的认知。失去了信息发布的先机，就失去了引导舆论的抓手，从某种意义上说，让渡第一时间，就是让渡阵地。

2016年7月20日，一场暴雨降临京城。8点40分，北京市气象台发布暴雨黄色预警。10点左右，《法制晚报》等媒体发布全市13个重度积水点和18个中度积水点，其中西城区有两个中度积水点，分别是西直门北桥桥北和西安门大街115号前。很快，微博、微信等自媒体上出现“西二环积水”“大悦城门口严重积水”“陶然亭地铁站被淹”等不实信息。10点52分，西城区官方微博“北京西城”发布第一条微博“又一次考验！”开启此次防汛宣传、舆论引导工作的序幕。同时，派出两路记者，分别前往两个积水点进行实地踏勘，核实情况，并实时发布微博，“目前，西直门桥下未出现积水，车辆行驶畅通。小编在现场报道”，“阜成门桥下、西安门大街以及西单北大街（西单大悦城前）附近道路均未见明显积水，道路交通正常不受影响，小编在现场报道”，“之前网络流传陶然亭地铁站积水视频为不实传言，目前菜市口南大街与陶然亭路交汇处（地铁站）通行均不受影响”，用事实肃清网络谣言，稳定了社会秩序。

二、把握信息发布节奏

经过十几年的互联网洗礼，各级党政部门已经对信息公开、信息发布有了更积极主动、更开明包容的态度，在政务公开、政策发布、回应社会关切等方面做得可圈可点。这里所说的“发布节奏”，主要指向两个层面：一是对于民生关切度高的政策发布和政策解读，要根据舆论关注的焦点转移而有所侧重，在不同阶段进行相应的发布；二是对于恶意造谣中伤、损害党和政府形象的信息，要坚决杜绝，铿锵回应。

当前的舆论场上，信息是碎片化传播的，因此，事实真相也是碎片化还原的，在这个过程中，舆论风向如果受到媒体炒作、网民情绪等非正常因素的干扰，此时，相关部门要积极面对媒体，拿出事实证据，回应舆论误读，不让虚假浮夸信息误导公众，同时及时公开信息，满足网民知情权。如果说注重时效可以为舆论引导获得先机，那么，实事求是就应当成为舆论引导的底色。

第二节　权威发声　技巧告知

随着移动互联向纵深发展，网络舆论场上的博弈、统和、反转随时随地上演，信息门类繁多、数量庞大，人们终日在滔滔网络中随波逐流，甚至被欺骗伤害，却无可奈何，越来越多的人停掉微博、关闭微信朋友圈，希望将网络噪音等污染拒之门外。网络秩序合理合法，公信力回归，成为当下生存在网络空间的人们的迫切需求。

一、权威发声

先说权威发声。这里的“权威”，更强调信息发布者的权威性和公信力。纵观网络舆论场上各类发声主体，能对舆情发酵、舆论走向产生影响的信息发布者主要有三类：政府、主流媒体、专业化自媒体。

政府权威发声，在涉及政策发布与解读、政务舆情事件等情况时尤其重要。当前，政府部门和官员主动熟悉社会热点，掌握了越来越大的舆论主动权。2017 年全国两会期间，共享单车成为交通领域舆论关注的焦点，交通运输部部长李小鹏在接受采访中明确表示，共享单车是一种创新，应该积极和鼓励，赢得舆论欢迎。2014 年 2 月，北京市西城区第 76 次政府常务会全程微直播，在北京以及全国开创先例。时至今日，政府常务会微直播已成常态，权威发布政策文件，场内场外建言献策，网上网下互动交流，民生保障、大气环境、城市管理等成为关注度最高的话题。2016 年 8 月 10 日，《关于治理“开墙打洞”违法建设情况的汇报》《关于西城区推进和谐宜居示范区建设情况的汇报》《关于大栅栏琉璃厂指挥部重点工作进展情况的汇报》《关于西城区文商旅三年行动计划工作的汇报》引起全年单次直播最大阅读量。网民纷纷点赞，称“直播的方式很好，能让更多人了解政府的工作动态”。

传统报刊、电视等主流媒体在进行媒体融合之后，以融媒体平台的面貌亮相互联网时代，微博、微信、客户端、视频等“人马”齐备，动漫、H5、神曲等具有互联网气质的工作手段娴熟运用，依靠专业的内容生产力和现代化的信息流转体制，成为网络舆论场上权威发声的重要通道。因此，政府要与媒体形成合力，在热点事件中传达权威声音，为事件减震。出于控制舆论风险的考虑，有学者提出要“释热”，即政府要与媒体保持良好沟通，具体措施是在政策发布前期通过新媒体平台收集民意，查找政策风险以及舆论关切，适时进行回应疏导，同时，还要做好沟通交流，使传统媒体充分理解政策内容，促进新政准确推广和落地。在政策发布时，借力媒体，传播配套消息。在政策执行后，通过媒体了解政策反馈，及时修正和完善。例如，交通运输部在网约车正式新规发布前，与媒体充分沟通，并利用媒体收集舆论反馈，使新政发布当天并未引起较多的负面舆情，而是以点赞和建设性意见为主，其舆论热度也在短时间内快速消退。[1]

专业化自媒体，依托专业知识在社会热点事件中上网发声，设置议程，引导舆论，比如知乎、春雨医生、果壳科技、丁香医生、警察蜀黍等，它们不同于其他网络平台中一哄而上、七嘴八舌的场景，而是以专业理性、有一定积淀的信息，精准对外辐射其影响力。这是近两年来出现的新情况。以知乎为例，2014年知乎的用户调查数据显示，知乎社区内本科及以上学历占87%，职业人群占75%以上，聚集了大量高学历和拥有各种专业背景的人。对于许多热点事件来说，一旦走向深度讨论，往往需要

---

[1] 吴汉华：《新政发布咋争舆论主导权？经典案例不能不看！》，人民网舆情监测中心微信公众号文章，2017年5月25日。

专业理性给出判断。比如魏则西事件中涉及的免疫疗法和竞价排名问题,雷洋案中的警方办案程序、便衣执法问题,都需要专业人士、一线职业人员给出解读。2016年,问题疫苗引发全网恐慌,自媒体"口袋育儿"率先对耸人听闻的新闻标题提出批评,丁香园、春雨医生等医疗领域自媒体对"问题疫苗"进行科普解读,填补了权威信息的不足,并扩大了自身在网络舆论场的影响力。[1]2017年8月,今日头条花重金签下知乎300多位"大V",[2]也正是看中专业内容的可观影响力。可以预见,掌握专业知识的精英人士,未来在舆论场上将扮演更加重要的角色。

二、技巧告知

在网络舆论事件中,权威发声是一种工作理念,技巧告知则成为权威发声的工作方法。在尊重事实、如实告知的基础上,这里想着重谈谈两个告知技巧。

一是不要用力过猛。只说不评,多谈事实,少谈原因,慎用感情。尤其是突发事件,刚一发生,人们对事情一无所知,政府部门能掌握的信息往往也不完整,但是出于抢占话语权的考量,相关部门仍需要尽快发布,利用政务微博、新闻发布会等多种形式,配合网络碎片化传播的规律,动态还原,防止用力过猛,避免出现"雷人雷语",甚至落入别有用心的陷阱。

二是不要画地为牢。网络消解了现实的空间边界,信息"出口转内销"成为常态。就像电视剧《人民的名义》里高书记的台词说的,"现在是信息时代了,有时候自己身边发生的事情,你自己不知道,可北京上海纽约巴黎倒先知道了。"因此,党政部门做好技巧告知的前提,是打开视野

[1] 人民网舆情监测室:《2016年中国互联网舆情分析报告》,2016年12月,http://gw.yjbys.com/baogao/97892.html.

[2] 人民网:《今日头条高薪挖脚"知乎大V"映射内容焦虑》,2017年9月4日,http://media.people.com.cn/n1/2017/0904/c40606-29512071.html.

之后精密的舆情监测，不仅要关注所在部门所在辖区，而且要关注“北京上海纽约巴黎”。

三是不要“烂尾”承诺。互联网传播环境下，在舆情发酵初期，很多信息还没有曝光，政府就得出面应对处理，因此，政府对社会的告知必须是动态的且留有余量的“有效承诺”。从部门实践看，政府的“有效承诺”应该包括线上发布承诺和线下兑现承诺两个层次。当前，政府的政务微媒体一定程度上为政府和社会之间提供了缓冲的机会，没有“面对面”的压力，政府可以更从容地斟词酌句、线上发布，强调“正在调查”，承诺“查实后进一步通报”，但是到了线下兑现这个层面，不少政务微博中的“调查中”最终都成了程序化的句号，到底是承诺没有兑现，还是兑现了但没有进一步更新发布，不得而知，这种时候，网民要么脑洞大开自行脑补，要么“呵呵”一笑意味深长，无论哪种情况，政府公信力都会受到损害。

第三节　以人为本　解决问题

从部门实践看，舆论引导的任务往往落在宣传部门身上，宣传部门“说”的成效就是舆论引导的工作成效。然而，舆论引导，并不是宣传部门“说”出来的，而是业务部门“做”出来的。正所谓，真正的舆论引导就是政府业务部门扎扎实实的日常工作，与民生密切相关的政府部门工作成效高低才是舆论引导成败的关键。无论何时，解决问题都是第一位的，舆论引导既不是事件的起点，也不是终点。事件一旦发生，既要弄明白“怎么回事”，也要明确“怎么办”和“怎么说”的问题。

一、关爱生命，尊重健康

在情绪化表达鲜明的网络语境中，舆论引导尤其应当重视打好“情感牌”，善于柔性处理、以情动人，心系群众、珍视民意。

2016年5月31日，位于北京市西城区的北京第二实验小学白云路分校塑胶跑道异味致学生身体不适的情况经微信公众号曝光，并迅速引起舆论热议。事件的舆情热度在一个月之内持续处于高热状态，舆论影响迅速扩散至全国。

6月3日下午，西城区召开新闻通报会，通报调查工作进展。一是表示一切以学生健康为重，要把学生的健康放在第一位考虑，已经为感觉身体不适的学生开辟了绿色通道，可随时到指定医院检查诊治。二是表示对学校室内的空气还有操场进行检测。三是表示区委区政府成立了工作组，启动责任倒查机制，由区监察部门对工程进行全面监察，发现问题绝不姑息。同时对去年同期建设的其他学校操场进行全面排查。

6月12日，西城区相关部门召开新闻发布会，向社会和媒体公布学校操场和空气检测结果：除一间音乐教室甲醛超标外，其余教室空气和塑胶操场检测样本各项指标均符合国家标准。发言人在发布会上表示，一切以学生健康为重，虽然操场检测合格，但异味依然存在，为学生安全起见，仍将进行彻底整改，直到消除安全隐患。

6月17日，学校操场被拆除。

毋庸讳言，西城区"一切以学生健康为重"的工作基调值得点赞。从信息发布基调和线下工作力度来看，在这一次舆情事件中，政府始终没有想捂盖信息、回避问题，而是在每一个阶段，根据舆论意见，主动发布、全部公开，接受舆论监督。6月12日新闻发布会上，学校操场和空气采样检测报告从检测单位直接送到发布会现场，主持人在媒体和家长见证之下启封，并当场宣读检测报告。舆情反复期，出现了"检测结果家长数据和官方数据差距大"等问题时，政府积极协调，对接权威检测机构，远赴深圳开展调查，邀请专家现场解读，始终把学生健康摆在首位。

二、快速行动，自带宽容

舆论引导的“快”，不仅要体现在“说”上，更要体现在“做”上。毫不夸张地说，舆论引导的过程，也是与时间赛跑、与谣言赛跑、与网民转发赛跑的过程。现实中，由于刻板成见、信息解读不够充分、恶意炒作、网络推手等因素，政府在舆论场中容易被误读，甚至“黑化”。这种时候，相关部门必须“快”字当头，补足信息，回应误读。2016年4月，教育部、国家发改委发布《关于做好2016年普通高等教育招生计划编制和管理工作的通知》，部署“支援中西部地区招生协作计划”，规定2016年志愿中西部地区招生协作计划安排21万人。此外，江苏、湖北两省生源计划分别调出3.8万个和4万个名额，“减招”人数最多。高考不公平现象常年是舆论诟病，在种种积怨下，这两省家长纷纷采取行动抗议，北京、天津等“高考容易”地区连带受到质疑。事实上，政策设计的初衷是“支援中西部”，指标“划出”也并不等于“减招”，但是地方教育部门没有在第一时间向社会解读清楚指标外调与本省录取率的关系。这些关键信息不及时公布，让家长在信息缺失的情况下产生恐慌，发起抗议。5月13日深夜，“江苏教育发布”置顶回应：“经请示教育部，江苏在完成国家专项计划的同时，确保2016年普通高校本专科招生计划中招收江苏学生的总规模不低于去年，确保本科各批次招收江苏学生的计划规模均不低于去年”。随后，两省教育厅厅长通过媒体告诉家长：江苏有“三个确保”（确保考生本科录取率进一步提高、确保江苏考生上重点高校的机会增加、确保江苏考生权益得到保障），湖北有“四个不低于去年”（在湖北的7所部署高效在湖北的招生计划总量不低于去年、本科录取率不低于去年、一本录取率绝对不低于去年、全省总录取率绝对不低于去年）。以江苏为例，经测算，2016年普通高校统考生计划超过32.2万人（上一年度31.8万人），其中本科20.4万人（上一年度20.3万人），因此，江苏将在生源减少3.25万人的情况下，统考生计划总数和本科计划数均有增加，实际上并不存在“减招”的问题。

除了快速行动，相关部门要对社会情绪、民众焦虑有所体察，表现出一定的宽容度。在上述高考减招风波中，教育部门在遭遇舆论误读、面临群体性事件危机的情况下，积极回应，耐心解读，并对一些情绪化表达、恶意攻击表现出足够的宽容，反映出政府自信和制度自信。快速行动并自带宽容应当成为“机之两翼”，保障网民知情权等正当权益的同时，让人心回暖。

第四节　与时俱进　总结规律

列宁说：“规律是现象中持久的东西。”无论是现实社会还是网络空间，都应有规律可循。尽管互联网时代，万象翻新，瞬息万变，似乎规律不再，但也正因为如此，才更需要与时俱进，淬炼规律的精度与纯度。

一、情绪规律

在网络舆论场上，政府经常遇到有理说不清的尴尬，“晓之以理”往往行不通，论道理谈是非，反而激起网民更大的对立情绪。换个角度，从“动之以情”入手，避免针锋相对的论战，引导情绪，往往有出其不意的效果，这就是所谓“情绪规律”。

情绪规律，强调政府的共情能力。“共情”是一个心理学概念，在这里强调换位思考，用民众的视角考虑问题，确定症结所在。互联网和自媒体到来之前，政府长期处于单向传播链条的起点，说什么，怎么说，基本都不会有太大的问题。社会发展至今，网络的崛起，一方面改变了民众的被动地位，另一方面也让政府逐渐意识到要“放低”姿态，与网民公平对话，时时观照社会的心理和舆论的情绪。应对舆情时，一要诚恳，二要诚实。面对情绪化的舆情，要从情绪调节和心理抚慰的角度开展工作，促进事态的平稳发展，规避“口灾”。2012年7月21日北京降下特大暴雨，路面多处积水，房屋倒塌，车毁人亡，79人遇难，财产和生命的代价凝结为网民的一块“记忆疤痕”。2016年7月20日，北京市气象台发布暴雨黄色预警，最大降雨量229毫米，一度唤起四年前社会悲痛的集体记忆。也正是在这一天，北京市西城区在官方微博上向市民喊话“我们在，请放心”，动员街道、环卫、房管、城管、绿化等部门24小时值守，处置险情916处，微博发布“环卫部工作人员用手清理雨水口”等，感动了众多网民，并附上“热水姜汤热饭，请供应充足。辛苦之后，请健康”的温暖话语。[1]

二、要素规律

这里的“要素”，是要仔细甄别事件的燃爆点和价值的要素，在信息发布和舆论引导时，选择合适的切入口。雷洋案迅速发酵的一个重要原因，是传播中以“人大校友”为要素，雷洋的大学室友亲自在知乎上撰文《愿以十万赞　换回一公道》，吸引了中产阶级、知识精英、校友圈层等的注意，进一步刺激舆论情绪，强化“今天不关注雷洋，下一个受害的就是你”。政府在舆论引导和舆情应对中，需要对事件本身所涉及的种种可能在网络上大行其道的要素进行分析研判，尽力消除炒作因素，减少刺激眼球的词汇表述，让事件脱敏，促使舆情逐步降温。

三、时间规律

如第一章第四节所述，网络舆论在生成时有一定的周期性规律，由潜伏期、爆发期、蔓延期、反复期、缓解期、长尾期构成一个完整的舆情周期。潜伏期做好舆情监测，爆发期技巧回应、积极发声，蔓延期努力形成舆论共同体，缓解期防止舆情反复，长尾期“盯紧”同类事件。有的热点事件可能只有其中一个或几个阶段，短短几个小时、几天，就被淹没在网

---

[1] 根据北京市西城区官方微博@北京西城公开发布的资料整理。

络之中。也有的热点事件持续几个月甚至更长时间，期间不断有新的要素加入，无限延长舆情周期。但是总体来说，一般的舆情事件以一周为期，就会归于平复。

2016年，移动网民使用即时通信类App的时间分布较为均衡，与网民作息时间关联度较高。网络直播类App在17点、19点、22点和0点出现四次使用小高峰。微博社交类App用户在10点之后使用时间分布较为均衡，在22点出现较小使用峰值。综合资讯类App用户阅读新闻资讯的时间分布比较规律，并在6点到10点使用时长上呈上升趋势。[1]在网民集中上网的时间段，是容易发生舆情事件的时间段，因此也是相关部门加强舆情监测的重要时段。有地方网信部门通过年度热点事件分析，发现20点到23点是舆情发酵的高发期。

四、渠道规律

从信息发布的角度讲，当前进行舆论引导工作，有党报党刊等主流媒体及其新媒体平台、政务微博微信体系、商业化媒体等，不同的渠道有不同的特点和优势，进行信息发布时要分析用哪一种渠道会取得最佳效果。如北京市西城区展览路街道在着力打造融媒体全覆盖宣传工作模式时，针对不同的受众群体，使用不同的渠道发布信息，微信公众号主要针对中青年，App主要针对社区居民，社区报主要针对老年人群体，通过不同的渠道进行精准发布，街道将原有的宣传覆盖面从17%扩大到69%，舆论引导工作取得了质的飞跃。

一般而言，传统媒体平台在舆情事件中依然具有强大的舆论影响力，在议题筛选、扩散传播、辟谣正听、信息速递等多方面发挥作用，应该也可以成为政府联动发布的对象，甚至关键时刻承担着为政府背书的职能。政务微媒体在政策发布、政策解读等权威发布时，应当成为舆情响

[1] 中国互联网络信息中心：《2016年中国互联网络发展状况统计报告》，2017年1月。

应的主阵地。2016年，在政府响应的400起社会舆情中，借助政务新媒体作为信息回应渠道的占41%，[1]为化解舆情危机赢得事半功倍的效果。

五、压力规律

根据人民网舆情监测室的公开报告，[2]从2014年到2016年，网络舆情压力分布呈现出一定的规律。从区域分布看，北京、广州连续三年都位列网络舆情压力最大的省份前三名，包括上海在内的一线城市普遍要承受更大的网络舆情压力。从部门分布来看，公安、教育、纪检监察、交通四个部门成为政府各部门中常年承受网络舆情压力最大的部门，尤其是涉警类、教育类社会事件几乎成为每年"必备"热点舆情。从领域分布来看，社会矛盾、公共管理、公共安全、吏治反腐、企业舆情是网络舆情事件最容易发生的领域，因此承受着巨大的舆情压力，尤其是社会矛盾，又可以进一步细分为社会暴力、官民关系、未成年人及弱势群体保护、社会道德争议、征地拆迁与群体维权、医患关系、城管执法、劳资纠纷、警民关系等，表现出矛盾点多、跨行业、跨阶层的特点。因此，从舆论引导和舆情应对的角度出发，北上广一线城市需要加强对公安、教育、纪检监察、交通等部门的舆情监测等工作力度，对社会矛盾、公共管理等社会热点事件审慎判断、精细引导。既努力防患于未然，又能做到事发时沉着应对、科学引导舆论。

---

[1] 人民网舆情监测室：《2016年社会治理舆情报告》，2017年2月7日。

[2] 人民网舆情监测室：《2014年中国互联网舆情分析报告》《2015年中国互联网舆情分析报告》《2016年中国互联网舆情分析报告》。

第六章　网络舆论引导的策略方法

英国历史学家和未来学家汤恩比曾经说:“一部人类的历史,便是在挑战与回应中前进的历史。”当传播技术尤其是网络的崛起改变了整个社会结构和人类生存方式,唯有与时俱进、合理回应,才能从容前行。在移动互联语境下,舆论环境日趋复杂,面对网民的各种利益诉求,如何进行及时有效地舆论引导,成为党政机关必须面对的一个新课题。2017年3月23日,国务院办公厅发布《2017年政务公开工作要点》,首次提出对政务新媒体的要求,体现了政府管理顺应移动互联网时代发展的必然趋势,具体包括:做好在政府网站集中发布、利用新媒体主动推送、加强政策宣讲等工作;对涉及公众利益、需要社会广泛知晓的电视电话会议,积极通过网络、新媒体直播等向社会公开;用好管好政务新媒体,明确开办主体责任,健全内容发布机制,强化互动和服务功能,切实解决更新慢、“雷人雷语”、无序发声、敷衍了事等问题。本章从实用主义视角出发,结合笔者近六年来的基层舆论管理相关调研成果,重点讲述如何依托各类媒体形态进行网络舆论引导,希望对政府部门的实际工作有所裨益。

第一节　常态下的网络舆论引导

移动互联背景下,网络舆论场上议题更迭,瞬间万象,蝴蝶效应一触即发,特别是引发网民高度关注的社会热点事件,能在短时内凝聚众意,需要相关部门高度重视舆论工作,自觉提高舆情素养,积极引导网络舆论，构建政民良性对话的舆论生态。

一、新思维导入：开展“大宣传”工作

这里的“新思维”是指公关思维，强调平等沟通和普遍对话，这与网络的先天气质高度契合。在网络舆论引导中，引入公关思维，进行“四个宣传”，即全党宣传、全过程宣传、大尺度宣传、大文化立体宣传，形成“大宣传”工作新谱系。通过“大宣传”工作，积极回应社会关切，牢牢掌握网络舆论引导工作的主动权。

（一）全党抓宣传

在移动互联时代，“大宣传”工作必须跳脱出单个部门，宣传并不是某个部门、某个组织、某个团体的职责，而是涉及相关责任主体的一个系统工程。因此，更需要注意团队间的合作，包括不同职能部门之间、同一系统上下级之间、不同层级之间的合作等。以2015年7月发生在北京的“丢孩子”谣传为例，北京通州、昌平、房山等地警方通过官方微博多次辟谣，北京市公安局也通过官方微博及北京地区网站联合辟谣平台予以辟谣。公安系统上下联动，相互呼应，并借助微博微信服务提供商、专家、家长的力量，合力围剿谣言，有效影响了事态发展。

2015年天津“8·12”爆炸事故发生后，当地政府和相关部门先后六次举行新闻发布会，但是遗憾的是，每一次新闻发布会都会引发次生舆情，甚至出现了官员的“雷语”，成为事故处理和舆论引导的减分项。六次新闻发布会记者提问环节全部中断直播，且在发布会上发言人员多次使用了“不掌握”“不清楚”“无法回答”“需要找同事核实一下”等说法，暴露出相关部门在新闻发布会的“幕后”并没有顺畅的团队间合作机制。

（二）全过程抓宣传

当前“三微一端”的信息呈现方式是随着事件被逐步还原的过程展

开的，在这个过程中网络舆论随之生成并发酵，在这种新的传播环境下，宣传必须全过程跟踪进行。2011年6月，四川会理县因领导悬浮照事件陷入舆情危机，缘起县政府官网上一张领导视察工作的现场悬浮照被网民转发到了网络社区。网民一边吐槽“太假了”，一边“欢乐地”将领导PS到世界各地，等待着会理官方的进一步回应。第二天下午会理县政府官网贴出了道歉信，并开通了实名微博。几乎是与此同时，“会理县孙正东”在微博上开始了他别具特色的舆论引导工作。作为悬浮照的制造者，他在贴出官方道歉信之后，与网民频繁互动，不但表示“本人近段时间，将闭门苦练PS技术，欢迎大家指导”，还说“听说PS还在继续，会理领导表示鸭梨很大。他们不仅要长时间保持同一姿势处于飘浮状态，还要全球各地的跑，有时甚至还得穿越去参加开国大典什么的，很忙很累的有木有?！麻烦各位大侠放下鼠标，高抬贵手，别再玩了。”见“警告”无效，他又开始“感谢全国热心网友，让会理县领导有机会在短短的时间内免费‘周游世界’，‘旅行’归来后，领导已回到正常的工作轨道，也希望网友把关注的焦点，转移到会理这座古城上来。会理是座有着两千多年历史文化的古城，也是古南方丝绸之路的重镇，看看@阿卓志鸿镜头下的美丽的会理吧，绝对没有PS哦。”这一条微博直接促成了舆论的逆转。[1]会理官方微博也开始推介会理的旅游资源。此次舆情危机应对中，孙正东作为一线工作人员，全程与网民互动，直接影响了舆论，而会理县领导允许下属在网上对其进行调侃，并积极呼应孙正东个人微博发布旅游资源信息，在地方政府来讲，这种心胸与智慧并不多见，值得点赞。

（三）大尺度进行宣传

这里强调大宣传要“大尺度”，强调在网络舆论引导实际工作中，需要特别观照舆情压力大的地域、部门和领域。根据人民舆情监测室2014

[1] 武汉大学博导沈阳教授及其团队：四川会理悬浮照事件被评为政府危机公关成功样本，http://news.xinhuanet.com/politics/2011-07/04/c_121618158_3.htm.

年到2016年中国互联网舆情的公开报告，从地域分布来看，2014年，网络舆情压力最大的省份排名第一的是广东，第二是北京；2015年，依然保持着广东第一、北京第二的排名次序；[1]2016年，北京、上海等一线城市压力较上一年度有明显上升，特别是北京成为舆情高发地区，这在往年是难以想象的。[2]从部门分布来看，2014年，网络舆情压力最大的政府部门前四名依次是公安、纪检监察、交通、教育；2015年，网络舆情压力最大的依然是这四个部门，不过顺序有所微调，变成了公安、教育、纪检监察、交通；2016年，公安、教育机关继续承受着最大的舆情压力。从领域分布来看，公共管理、社会矛盾、公共安全连续三年位列前三名，其中社会矛盾类事件带来的舆论压力在2014年和2015年位列第一，2016年由于公共管理领域事件频发压力陡增，社会矛盾领域舆情压力降至第二。进一步讲，社会矛盾领域网络舆情事件又可以细分为社会暴力、官民关系、未成年人及弱势群体保护、社会道德争议、征地拆迁与群体维权、医患关系、城管执法、劳资纠纷、警民关系等十大类。可以看出，网络舆情压力分布呈现出跨地区、跨部门、跨领域的特点，因此，如何实现舆论管理全覆盖，掌握舆论引导的主动权，必须打破传统，高点站位、高度统筹，大尺度开展工作。

随着反腐高压态势成为常态，吏治反腐类舆情压力开始下降。2017年上半年热播的反腐题材剧《人民的名义》，多次以“大尺度”的评论见诸网络，涉案官员级别之高、案件之大、场景之震撼、台词之犀利尖锐，屡屡突破网民的视域边界，在反腐剧几度沉浮之后，终于可以正视当下的社会政治生态，因此也被称为“史上最大尺度反腐剧”。《人民的名义》的成功，带火了政府部门大胆、大尺度地开展传播，并为党政部门在舆论场上正面引导开辟了道路。事实证明，大尺度演绎，并没有对党和政府的形

[1] 人民网舆情监测室：《2015年中国互联网舆情分析报告》，2015年12月，https://wenku.baidu.com/view/8f7f0f026137ee06eef91831.html.

[2] 人民网舆情监测室：《2016年中国互联网舆情分析报告》，2016年12月，http://gw.yjbys.com/baogao/97892.html.

象造成损害，反而传达了党和政府反腐的决心，引发全民追剧狂潮，成为现象级事件。

（四）大文化概念立体宣传

大文化概念，包括三个层面：以文化人、以文化物、以文化城。以文化人，就是用核心价值来教育人、塑造人。以文化物，就是要多生产文化产品，发展文化创意产业。以文化城，提高城市的文化价值，激发城市的文化内蕴，提升市民的文化素质，提升城市的文明程度。随着互联网的不断普及，我国网络文化保持着快速发展的势头，人民网、新华网、千龙网等融媒体平台在文化建设中的影响日益扩大，已经成为党和国家重要的网络舆论阵地和网络文化建设的主力军，网络文化产品日益丰富，网络文化生产力得到巨大提升，网络文化管理逐步规范，但仍然存在着低俗文化、道德示范等问题。2015年11月3日，新华社授权发布《中共中央关于制定国民经济和社会发展第十三个五年规划的建议》，明确要求"牢牢把握正确舆论导向，健全社会舆情引导机制，传播正能量。加强网上思想文化阵地建设，实施网络内容建设工程，发展积极向上的网络文化，净化网络环境。"[1]大力弘扬社会主义核心价值观，用马克思主义占领文化阵地，传播主流声音，引导社会舆论。

二、情境工作法："三分"[2]应对

（一）分级应对

分级应对就是按照不同的舆情预警级别，采取相应的舆情应对策

[1] 新华社：《授权发布：中共中央关于制定国民经济和社会发展第十三个五年规划的建议》，2015年11月3日，http://news.xinhuanet.com/fortune/2015-11/03/c_1117027676.htm.

[2] "三分"应对的观点受中石化新闻发言人吕大鹏2015年4月在中国人民大学的演讲启发形成，演讲相关内容详见微信公众号"人大公共传播研究"刊发的《吕大鹏：央企舆情分析与品牌建设》一文。

略。目前,我国政府尚未建立专门的网络舆情预警等级体系。《中华人民共和国突发事件应对法》第42条规定:“可以预警的自然灾害、事故灾难和公共卫生事件的预警级别,按照突发事件发生的紧急程度、发展态势和可能造成的危害程度分为一级、二级、三级和四级,分别用红色、橙色、黄色、蓝色标示,一级为最高级别。”本节借鉴国家标准以及国际惯例,按照网络舆情的严重程度、发展态势、可造成的危害程度等因素,尝试将预警等级划分为五个级别,如下表所示:

	特级	一级	二级	三级	四级
标记颜色	紫色	红色	橙色	黄色	蓝色
危险级别	濒临失控	极其危险	危险	警示	非常态

蓝色预警:为一般舆情,通常表现为网民对社会经济、民生等新闻事件的普通议论,此时,传统媒体一般没有介入,网民对该舆情信息的关注度不高,舆情传播范围相对有限,短期内不存在转化为舆情危机事件的可能。例如公务员调整工资的话题,从一开始就被一些网民解读为“公务员涨工资”,受到包括公务员群体在内的网民的普遍关注,但直至2015年8月北京工资调整具体方案公布,网络上相关讨论仍然显得相对平静。蓝色预警舆情事件,一般需要保持密切关注,跟踪监测防止其转变为更高级别的舆情事件。

黄色预警:相关话题持续发酵,网民关注度较高,潜在风险初步呈现,极有可能演变为舆情危机事件。此时,需要快速评估舆情态势,预判舆论走向,向相关部门发出警报。同时,应强调线上首次回应,线下职能部门积极解决,双管齐下,说做并举。例如北京市公安局针对“抢孩子”的网络传言,多次在其官方微博回应网民担忧,并认真核实情况、积极追究造谣者法律责任,这些努力很大程度上遏制了谣言的进一步扩散,使得孩子相关的话题没有升级恶化。

橙色预警:网民对相关话题持续保持高度关注,事件快速推进,成为热门话题,传播范围不断拓展,不良影响已经产生,且有进一步恶化的趋势。此时,相关部门需要开展联动工作,确保信息上下流通,主动发布信息,保障网民知情权。同时,迅速展开调查,通告事件真相,修复舆论影响。2016年3月的“天价学区房”事件,引发网民对教育、房价等话题的热议,北京市西城区及时回应舆论炒作,与首发报道作者核实信源,区房管局实地核查寻找“天价学区房”,邀请中央电视台实地调查采访,通过主流媒体正面回应社会关切,遏制了谣言进一步蔓延,改变了舆论走向。

红色预警:网络上人声鼎沸,存在主流媒体误读,舆情万分紧急,稍有不慎将造成极其严重的后果。此时,有可能在事件中出现了群众生命财产的重大毁损,社会各界对事件表现出极高的关注度,网民情绪激动,舆论倾向鲜明,各种势力借题发挥,影响蔓延至全社会。相关部门必须在第一时间进行精准的信息发布,各部门联动工作形成合力,必要的情况下,上级部门直接介入,明确建立责任体系,集各部门之力全力应对。以2015年黑龙江庆安火车站事件为例,在舆论发酵初期,远在北京的各大主流媒体就密切关注,呼吁当地警方公布事发现场监控录像,新华社发出预警“只有尽早完整公布此事真相,全面客观公布调查结论,才能吹散迷雾,解开公众心结”。事实证明,没有及时回应公众对于真相的沸腾要求确实非常愚蠢,即使当地后来公布了监控录像,收到的也是铺天盖地的不信任和嘲讽。

由于受到行业特点、政策背景、历史因素、关联话题、媒介传播特点等因素的影响,网络舆情事件在发展方向和方式上存在着更多的不确定因素。特别是在一些触及社会深层次问题的议题时,网络舆情表现出狂飙突进的强劲势头,因此考虑特殊预警级别——紫色预警。此时,各种非理性的宣泄充斥网络,各种别有用心的势力蠢蠢欲动,掩盖了客观分析和理性表达，可考虑暂避锋芒，理性克制，精准研判，择机而动，策略应对。

（二）分类应对

常态下的舆论引导，党政机关、事业单位的新闻发布、政策解读、信息公开等需要因事制宜，分类进行。在引发舆论关注的事件中，党政机关、事业单位在事实层面的情况，大体可以分为三类：相关部门的确做错、相关部门遭遇诬陷、相关部门局部出错。

第一类，的确做错，要强调态度！在事实层面已经犯错，任何有关事实的辩解，要么被弃之不顾，要么被用来煽动更炽烈的情绪之火。当事实阵地失守，更需要在价值领域积极作为，以平等、开放、建设性的态度赢得价值修复的时间，才可能创造与公众舆论的对话空间，同时得到舆论的谅解。2015年5月27日，复旦大学110年校庆宣传片一上线就引起舆论关注，因其构思、镜头、主题等均与东京大学上一年推出的宣传片高度雷同，复旦大学瞬间沦为“复制大学”。面对舆论质疑和嗤笑，复旦大学党委宣传部副部长、制片人坚称是“独立制作”，但几乎与此同时，将这部宣传片从官网、微博和微信公众号等平台下线，并很快通过官方微信发布了新版宣传片。[1]很快，复制与否认的次生舆情产生，复旦大学的诚信遭到了强烈质疑。在接近高考季的敏感时期，复旦大学的“复制”，不可避免地成为随后陆续发布的北京大学、中国人民大学等高校宣传片的参照系，很多高校心照不宣又颇有默契地强调了本校宣传片的原创性。

第二类，遭遇诬陷，要敢于斗争！碎片化的信息传播方式，使得事情真相也是碎片化地还原，在还原事实真相的过程中，舆论风向又很容易受到情绪等非理性因素的影响，党政机关、事业单位、公众人物等因此更容易“中招”，遭遇诬陷。这种时候，相关单位要敢于亮剑，善于斗争，拿出事实证据，依托主流媒体和政务微博微信，驳斥恶意诬陷，回应舆论误

---

[1] 媒体札记：《复旦与复制》，微信公众号“媒体札记”文章，2015年5月29日。

读。2015年6月22日，警方破获一起聚众扰乱社会秩序案件，职业访民勾连律师炒作抹黑政府的事实被曝光。通过公开曝光，正面回击了谣传，帮助网民获得事件真相，清除了错误言论的不良影响。

第三类，局部出错，要善于切割！需要注意的是，这里的切割不是切割责任，而是建立在对准确把握事实、精准研判舆论态势基础上的责任明确。对于对党政部门整体形象造成损害的局部错误，迅速切割，充分体现有责任、敢担当的态度，将公共利益和公共精神作为局部切割、修复形象的标尺。否则，切割不当，很容易引起"搬起石头砸自己的脚"的尴尬。

（三）分别应对

一是幽默应对。深谙网络传播语言，熟悉网络表达套路，巧用幽默的智慧和力量，与网民平等对话，促成网民和舆论对党政机关常态下政务发布、新政实施等的准确解读。

二是正式应对。诚然，幽默应对有化腐朽为神奇的效果，但是在涉及腐败、灾难、公共政策、法律等主题相关舆情时，应当正式应对。2015年5月1日施行新的《行政诉讼法》规定，被诉行政机关负责人应当出庭应诉，不能出庭的，应当委托相应的工作人员出庭。根据网易新闻公开信息，2014年上半年，北京"民告官"案过万，但机关负责人应诉率仅2.2%。其中《中国经营报》的报道显示，自5月1日起地方行政诉讼案件量剧增，北京市二中院新政实施满月时的通报显示，该院5月份行政诉讼案件与去年同期相比增长了20.3倍。因此，正式应对很有可能成为未来行政诉讼以及舆论应对的重要方式。

三、创新政务公开工作

政务公开是现代法治政府的常识，政府部门在发布信息之外，应及时了解民众诉求，及时回应民众关切，形成良性的互动关系。本节通过调研北京市西城区若干部门的政务公开和舆情发布工作，总结一些常态下网络舆论引导的有效方法。

（一）微直播政府常务会常态化

近年来，随着政务微媒体体系的发展，不少地方政府在政府常务会微直播方面做出了有益的探索。2014年2月12日，北京市西城区召开第76次区政府常务会议。此次会议全程微博直播，这在北京尚属首次，在全国也开创了先例。时至今日，政府常务会微直播已成常态，并形成了“场内场外代表建言献策，网上网下政民互动交流”的工作模式，实现了政府重大决策过程公开透明，吸引了社会各界普遍关注。

1. 直播原则

经过直播实践，西城区确定了“顺应传播规律、贴近民生民意、原汁原味发布”的总体原则。在发布内容上，对信息量较大的议题整合发布，对参会代表建言献策原汁原味发布，对涉密话题不予发布。在发布流程上，明确会前有预告、会中有直播、会后有回音，提前预告议题并编排发布亮点、实时传递现场声音、跟进解决网民提问。在发布节奏上，既要保证会议关键信息的及时传达，又要避免频繁发博给网民带来刷屏的不适感。

2. 亮点特色

一是全程直播，会议讨论内容实时发布。全程直播，强调政府决策过程公开，是西城区政府常务会微直播的重要特色。以每次政府常务会为一个直播周期，分三个阶段予以全程直播。第一阶段：直播前，官方微博@北京西城会对会议议题进行预告。第二阶段：直播中，对专项汇报内容、各单位一把手和区领导的发言进行播报，同时对列席人员当场提的意见和建议也实时播出。第三阶段：直播后，对媒体报道、网民评论等进行例行监测，形成舆情专项报告。

二是互动始终，对网民意见全部回复。适应新媒体特点，注重与网民互动，是西城区政府常务会微直播的一大亮点。对于不是很复杂的问题，官方微博会第一时间在直接答复。如果涉及各委办局的专业性问题，会后将由各相关单位的新闻发言人统一答复。

三是广开言路，直播贯通线上线下。每次政府常务会微直播，都邀请区人大代表、区政协委员、专家学者、居民代表列席会议，开展讨论，使政府决策更民主、更科学。涉及重大决策和民生等方面的议题，在微直播中打通线上线下两个舆论场，除了邀请以上人员列席会议现场，还将网络上有价值的网民评论和建议纳入讨论范畴，扩大议题讨论边界，最大范围地搜集民意、凝聚民智。

（二）新闻发布流程化

北京市西城法院于2015年正式实施新闻发布月例会制度，将公众关注的法律问题以典型案例和法律知识的形式进行发布，通过制度化的新闻发布，激活了法院系统的舆论宣传和引导工作，收到了良好的社会反响。

一是标准化操作，构建常态机制。从前期选题确定、调研数据收集、典型案例选取、主题发言撰写、发放媒体邀请函、新闻通稿撰写、记者提问研判、拟定答复口径到发布现场预定、媒体记者接待、同步微博直播、后续报道材料提供等各个流程和环节，建立新闻发布协调机制，形成了一套标准化流程。

二是将例行发布纳入年度宣传工作重点和绩效考核序列。年初，法院内部进行新闻发布选题报送，且任务到庭、责任到人。同时，将新闻发布作为部门新闻宣传考核重要加分项，有效激励该项工作的长期推进。

三是探索总结新闻发布月例会制度，有计划、有重点、有看点、有建议、有流程的“五有工作法”指导例行发布。

四是利用多样化媒体平台发布。2015年“12·4”国家宪法日法制宣传周中，西城法院制作《西城法院立案诉讼服务大厅公益宣传片》及《我想对你说——漫画带你走进北京市西城区人民法院》H5动图，在视频网站、微博、微信客户端进行发布和推介，以原创漫画、H5动图、公益宣传片的形式，对法院工作机制进行宣传，得到了最高人民法院、西城区新闻中心官方微信公众号的转发。在西城法院的发布渠道上，发布微博、庭审微直播、普法微访谈、制作MV、推出普法系列漫画、录制微视频等适应网络特点的创新方式不断出现，并受到网民欢迎。

（三）系统内新媒体互动经常化

2011年，北京市西城区卫计委系统正式启动政务新媒体工作，官方微博"西城健康"上线运行。同时，区属医院作为卫计委二级单位，也纷纷开通医院官方微博，2015年，区卫计委官方微信"健康西城"正式运营，形成系统政务微媒体的矩阵框架。系统内各单位通过微博、微信在线上频繁互动，对内实现了打通信息隔断、提高行政效率，对外实现了叠加宣传力度、扩大传播范围，形成了舆论影响合力。

卫计委的官方微博和官方微信的内容基本一致，主要包括单位专题（包括特色科室介绍）、健康知识、工作动态、时事新闻等。尤其是健康知识、科普教育类文章，往往一经发出就收获网民点赞转发。区属医院则把更多的精力放到了官方微博的动态发布和App的研发工作上，医院关于门诊停诊信息、专家介绍、温馨提示相关的微博，经常能在第一时间被网民关注，一些重要的医院动态经常能得到上级官方微博的转发。App则致力于为民众提供更好的就医体验，通过技术手段实现内外网打通，挂号、检查化验单查询、缴费等通过手机完成，从而改善民众就医环境，优化配置医疗资源。

截至2016年6月，西城区卫计委的官方微信与系统所有30家单位中的29家已经实现了在线互动，覆盖率达到97%。并与官方微博保持密切互动，双方在健康知识、权威发布、工作动态等内容上保持一致，相互呼应。当前，官方微信正在从"健康西城"1.0向2.0升级，从而进一步加强与系统单位、官方微博的互动，在互动内容、互动方式等方面谋求进一步突破。西城区卫计委的官方微博则对外与西城区政府官方微博“北京西城”、北京市卫计委官方微博互动较多，对内与系统单位保持线上同步，并承担着与兄弟单位、其他部门的线上互动和转发。事实证明，线上互动、相互转发的工作方式给卫计委系统各单位都带来了1+1>2的宣传效果。

（四）融媒体发布矩阵化

北京市西城区展览路街道从2015年开始，着手打造融媒体全覆盖宣传模式，建立了以“App、微信公众号为核心，以社区报、宣传栏、微博为辅助”的“五位一体”的街区宣传模式，截至2016年6月，已将宣传覆盖面由原有的17%扩大到69%，政民互动的频率、效果都达到了前所未有的热度。

1. 融媒体发布工作格局

微信公众号主要针对中青年和部分老年人，以“以连接助力信任”为核心驱动理念，设置了8个品牌栏目、3个版块和10个二级菜单，工作定位为街道工作的传播纽带，“三位一体”的交互平台。App则融新闻头条（包括国内新闻、北京新闻、身边新闻）曝光、政策、活动于一体，同时设置了“便民”“圈子”等居民服务与活动版块，以“让温暖再近一些”为核心驱动理念，定位为居民生活的服务助手，企业推广的宣传平台，街道工作的管理平台。社区报《展望》主要针对社区老年群体，围绕“关注身边，分享美好”理念，定位为时政宣传、身边新闻及生活服务信息发布媒介。

2. 网络形象同步推出

伴随着新媒体的开发进程，街道结合辖区的地域人文特点，同步设计推出了展览路区域的卡通形象代言人“小展展”。微信小编变身卡通人物，为微信公众号的语境转换、风格转变提供了可能，容易营造出政务新媒体的亲和力，塑造基层政府的亲民形象。为把小展展打造为街区名片，街道还结合社会主义核心价值观宣传，实施了品牌文化创意，配套制作了小展展系列宣传品，例如《小展展诞生记》微动画视频、小展展表情包、小展展玩偶、形象笔筒、卡通贴画、公交卡贴、环保袋等，受到社会普遍欢迎。

第二节　突发事件网络舆论引导的策略方法

突发事件常态化已经成为互联网时代下舆情应对的突出特点，网络舆论因突发事件"爆燃"的情况比比皆是，稍有不慎，政府就会陷入舆情危机。高能高效地处理突发事件引发的网络舆论，成为几乎所有政府部门的必修课。

政务微博自从上线以来，一直在突发事件网络舆论引导方面积极努力。《2016年上半年人民日报·政务指数微博影响力报告》指出，各级政府依托于政务微博的服务体系正在不断完善，政府部门利用微博"网上收集网情、网下解决问题"已然成为舆情应对工作的一种常态。从突发事件爆发产生舆论影响，再到淡出网络舆论，政务微博在满足社会信息饥渴、事实动态更新、官民即时互动等方面高度匹配处理突发事件的现实要求。截至2017年3月31日，经过新浪平台认证的政务微博达到168839个。随着账号体系的健全，政务微博对突发事件的响应速度和质量持续提升。针对突发事件，已有多个地区对政务微博回应热点事件的时间做出明确规定，体现出政务微博在政府信息发布系统中的重要地位。

2017年1月19日，《2016年社会治理舆情报告》[1]发布，报告指出，2016年以来，特别是三季度以来，我国党政机关部门面对突发性舆情事件的响应速度明显提升，对舆情早期传播的预警、干预能力也有较大提高，政府回应率达到85%，事发24小时回应率超过55%，在48小时之内

---

[1]《2016年社会治理舆情报告》由北京师范大学社会治理与公共传播研究中心、人民网新媒体智库共同形成和发布。

（含24小时）首次回应率超过70%。2017年宁波动物园老虎伤人案、西安地铁“问题电缆”事件、山东辱母杀人案、北京地铁17岁男子辱骂两女子等一系列热点事件中，@宁波东钱湖旅游度假区管委会、@西安发布、@山东高法、@平安北京等属地官方微博都做到了及时回应、立场坚决、处理果断，以公开、积极、负责的姿态赢得了网民的普遍点赞。本节结合国内近年热门网络事件以及对北京市西城区舆论引导实际工作的调研和访谈，谈谈利用政务微博构建引导突发事件网络舆论的三维策略体系。

一、纵横两向，打通政民互动通道

2011年7月，人民网发表评论文章，[1]提出要“让党和政府的声音进入网络社区，推动互联网上官民的顺畅沟通和良性互动”，倡导“推动政务公开，特别是突发事件的信息透明”，主张“触摸民意脉搏，从群众利益角度，体会解决现实矛盾的切肤之痛，增强紧迫感，千万不要与主流民意对抗”。

（一）政民互动通道的纵向打通

经过传统主流媒体的呼吁和政府部门的推动，政民互动通道的纵向打通，正在各级部门的政务微博上不遗余力地展开，并取得了明显的成效。

一是放下“官威”，抛开官话，积极融入网络话语体系。政务微博上自称“小×”的部门屡见不鲜，如@上海发布自称“小布”，每每有突发事件，“小布”都会在微博上与网民亲切互动。@平安北京的卡通警察形象一经推出就受到网民热烈欢迎，很快，公安系统官方微博整体划一选择可爱的卡通警察形象作为微博头像，成功塑造了行业网络形象。@北京西城坚持与“小伙伴们”温柔对话，语言亲切友好，并不断尝试运用京味

[1] 人民网：《人民网评：打通“两个舆论场”——善待网民和网络舆论①》，2011年7月13日，http://yuqing.people.com.cn/GB/209170/15147976.html.

语言，增添政务微博的文化内涵。

二是政务直播，提升信息公开水平。近年来，法院微直播庭审全程、西城区政府常务会微直播公开政府决策过程、公安系统微直播行政执法，且微直播的形式从纯文本，到视频直播，政府不断创新政务公开方式、升级信息公开的手段。2016年上半年，山东潍坊市交警支队通过其政务微博@潍坊交警，实时视频直播交警查酒驾，超过3万人在线观看，成为全国首个公开直播执法过程的政务微博。@深圳交警联动辖区内15个交警微博，对“生命线01”专项整治行动进行矩阵式直播，共有超过30万人在线观看，最高时达到同时在线2万人。

三是突发事件中不哑声失语，争当可靠信源。@北京西城根据网络上值得关注和有负面倾向的信息，按照轻重缓急、事件走势、影响力预估以及关注度、转发率等由高到低开展工作，严格规范网络信息发布和舆论引导的审批程序，精确设立发布口径，由指定部门统一进行发布。2011年7月5日9:36地铁4号线动物园站发生电梯事故，开通不久的@北京西城11:33就做出反应发布信息，最终被转发评论10731次，被列入当日新浪微博热门转发排行榜。2013年7月，什刹海城管打人事件在网上被炒得沸沸扬扬，@北京西城一天之内连发4条微博，从事件曝出，到调查过程，再到辟谣，对事件予以持续更新。

（二）政民互动通道的横向打通

政民互动通道的横向打通，意指政务发布体系和老百姓口头舆论场各自的内部贯通。政务发布体系的内部贯通，各层级之间、各部门之间、各行业之间以及行业内部的政务微博相互联动，在突发事件中对内保持沟通顺畅，对外发布统一口径，促成事件的线下解决。老百姓口头舆论场的内部贯通，则要注意平衡各利益群体的诉求，选择合适的意见突破口，实现多数人利益聚焦的同时避免网络“多数人的暴政”。

政务发布体系的内部贯通，一是要加强事件所涉及的不同部门、不同层级之间联动工作，做到内部沟通顺畅、及时、务实，对外发布唯一通道统一口径；二是在突发事件舆论引导中，要从制度设计上突出宣传部门的“参谋”地位，重视宣传部门提供的专业意见；三是线上问题线下解决，各级政府部门要有一种共识：在突发事件舆论引导中，宣传部门不是万能的，真正的舆论引导在于现实问题的解决。在贯通政务发布体系的实践中，各级政府部门的政务微博需要发挥团队协作精神，分出梯队，选择唯一官微作为信息发布平台，其他官微则在收集网民意见、转发信源官微的微博、线上互动等方面发挥作用。

老百姓口头舆论场的内部贯通，根据人民网舆情监测室的研究，当前要特别关注网民群体的不同血缘、地缘、业缘和趣缘。社会学家费孝通先生曾指出：“中国人基于血缘、亲缘、地缘形成一种差序格局，以个人为中心，一层层推出去，形成一种关系网。即使在工业化、现代化的今天，血缘和地缘关系还有根深蒂固的遗存。”地缘关系是以地理位置为联结纽带，由于正在或曾经在一定的地理范围内共同生活、活动而交往产生的人际关系，如同乡关系、邻里关系。业缘，是以曾经存在或正存在的学业、职业、事业等原因引发的经常交往而产生的特殊亲近关系，如同窗关系、师生关系、同事关系、战友关系、产业链上下游关系等。趣缘，则是人们因兴趣爱好相同而结成的社会群体。在互联网环境下，舆论的发酵，源于社会各群体的认知和围观，舆论的消解，也需要求得各社会群体的认同和谅解。在老百姓口头舆论场的内部贯通方面，政府利用政务微博引导舆论，一是要巧妙利用各种社会勾连，按照法治、理性、情理的逻辑顺序，对事件本身及其走向进行研判，二是根据事件中利益群体的特征，辨析“四缘”，呼应涉事主体的现实需要，注重实际问题的解决。

二、借力三方，打造舆论引导矩阵

如第一章第四节所述，网民、传统媒体、网络精英话语群体对网络舆论的发展有着重要的影响，专业化自媒体也开始显示出对网络舆论的影响力，因此，在实际工作中，政务微博要善于借力，发现事件中的关键节点，打造舆论引导矩阵。

（一）借力传统媒体的公信力，提升政务微博舆论引导的效力

突发事件发生后，传统媒体对舆论引导具有双面效应。一方面，正如白宫前发言人弗莱舍所言，“媒体会变成一头20吨的大象，向你直扑过来，这时候，你想躲都躲不开了”，它们猎奇、逐级发难、抢速度、同情弱者、反感“狡辩”，一定程度上对政府引导舆论带来干扰；另一方面，传统媒体作为舆论场上的可靠信源，又应当成为政务微博引导舆论的统战对象。因此，政府要加强对传统媒体的管理和引导，同时也要善于利用传统媒体发出自己的声音。

在这个过程中，政务微博堪当这种管理与引导的集纳之地，一是确立政务微博唯一的网络信源地位，所有的权威发布都通过政务微博快速发布，吸引传统媒体关注，并进行转发和跟进深度报道。二是政务微博与传统媒体的融媒体体系快速建立战略合作通道，通过人员借用、资源互通等方式，使政务微博在突发事件舆论中引领媒体微博、微信、客户端的信息推送，并确保媒体方阵收集到的网络民意顺畅抵达政务微博，双方在线上频繁互动，牢牢抓住网络舆论中的主流观点。三是从长远来看，政务微博可以考虑在地方主流媒体合作成立专门模块，制作突发事件专题，在媒体内容生产的端口就植入网民与政府直接交流的功能，使政府发布的权威性和传统媒体的公信力优势叠加，提升政务微博的舆论引导效力。

（二）借力第三方，加强政务微博舆论引导的专业性

这里的“第三方”包括网民精英话语群体和专业化自媒体平台。虽然当前网络精英话语群体尚未成熟，很多时候他们的表现也难孚民意，

但是网络精英话语群体在凝聚共识、发酵情感、诱发行动方面有着其他力量难以匹敌的能量。从引导突发事件网络舆论的实用性目的出发，影响那些有影响力的人，政务微博与网络精英话语群体可以从以下几个方面加强互动，从而加强对舆论走向的影响。一是邀请相关领域的专业人士成为本部门政务微博常驻专家，增进双方互信，在突发事件发生后，作为独立第三方发表中立观点。二是不同层级、同一领域的政务微博与相关网络精英话语群体形成良性互动，营造一种平等、开放的交流场域，确保突发事件发生时政务微博不被公众舆论“矮化”“妖魔化”。三是定期开展与网络精英话语群体的线下交流活动，并积累专业领域内的话语能力，使政务微博在突发事件舆论场中具有足够的专业水准来引导网络舆论。

此外，在喧嚣的网络舆论场，面对某些固有的认知偏见，如果有知乎、果壳这样兼具科学立场和传播艺术的专业网站，以第三方的视角释疑解惑，能够对非科学认知的澄清、非理性情绪的化解产生出奇制胜的效果，一定程度上排除舆论引导的情绪干扰。

（三）借力“网评员”，放大政务微博舆论引导的规模化效应

这里的“网评员”泛指在社会热点事件中，能够进行客观论述、并在事实上达到肃谣言、引导向的效果的网络舆论意见持有者。网评员队伍的群体性力量，至少能给相关部门处理紧急突发的复杂舆情争取更多的时间。2013年7月什刹海城管打人事件中，网络舆论刚开始几乎是一边倒地谴责城管、质疑政府非法行政，随着事实真相的逐步还原，大量理性反思如如何正确进行社会实践、先要教育孩子守法等文章出现在网络上，扭转了舆论走向。2015年1月德内大街93号院徐州人大代表私挖地下室导致路面塌陷的事件发生，当时正值北京市两会召开，舆论哗然，网络上指责政府不作为、质疑人大代表的言论不绝于耳，大量网评员主动上网，撰写文章，一定程度上促使舆情降温，为宣传部门处理复杂舆情争

取了时间。

三、统筹四度，把控舆论引导全局

（一）更新监测手段，扩充政务微博舆论引导功能

并不是所有突发事件都能成为网络舆论燃点，当前，在大数据技术支持下，依托政务微博监测舆情发生演变成为可能，很多突发事件在潜伏期就可以被发现并预测其发展趋势。一是通过政务微博与当地网站、本地论坛等的链接，实现监测跳转；二是构建适合本部门本地区的关键词搜索词库，如领导姓名、行政区划名称等，每日利用百度、微博搜索、天涯站内搜索等进行搜索；三是每天浏览新浪等门户网站新闻中心首页。通过微博内部搜索和外部论坛、门户网站搜索，一方面做好网络舆论的基本监测，另一方面了解当前其他地区的热点事件并与本地进行关联对照。根据中国人民大学舆论研究所的研究结论，近年来很多热点事件的第一信息落点首选是本地论坛，通过本地民众对信息的关注，达到在有限范围内实现爆料者的诉求。从2015年就开始不断发出舆情预警的常州外国语学校“毒地”事件，最初就是家长2016年1月初在当地论坛、百度贴吧、本地微信公号率先出现数十篇贴文，《远离毒地，搬迁过度，救救常州外国语学校的孩子们！》《常州外国语学校周边常隆“毒地”航拍照片！看看真是心酸啊》等文章总阅读量超过11万人次。几天后，家长们发起了联名上书活动，超过1200人签名要求政府出面协调学校搬迁过度、解决污染问题。从舆论管理的角度来看，这些信息是可控的，但是一旦被转发到综合论坛和微博上就很容易演变成社会热点事件，便不再具有可控性。很可惜，现实中，常州外国语学校毒地问题虽然三次触发了当地舆情预警，但是问题一直没有得到解决，家长们的愤怒一次盛过一次，2016年4月国务院教育督导委员会办公室启动教育重大突发事件专项督导机制，当地之前的舆情监测与引导宣告彻底失败。

(二)完善工作流程,建立政务微博突发事件应急机制

由于突发事件的发生和发展速度快,网络舆论生成发酵快,临时进行人员分工和微博发布回应的工作效率明显不能满足舆论引导的需要,因此,需要建立政务微博突发事件应急机制,确立工作流程,以快速响应突发事件舆论。应急机制的建立,可以仿照各媒体建立的应急机制。事件发生后政务微博的运营者(一般是宣传部门或政府办公室/厅)要快速反应,对事件性质、舆论走向进行分析研判,启动响应机制,成立应对小组,确定工作框架,配备充足的工作人手,有计划地发布信息。尤其要强调统一指挥和领导,必要时采用责任领导"顶格"负责方式,协调相关部门,第一时间确定应对方案,使工作上下有序,更有效率。

(三)树立"干预"思维,利用政务微博影响舆论态势

在突发事件被网民碎片化还原的过程中,谣言总会见机而起,混淆视听,把水搅浑。对于这类谣言,政务微博必须敢于亮剑,善于斗争,积极干预网络言论,肃清谣言的不利影响。为此,政务微博在突发事件的网络舆论引导实践中,需要以事实为基础,亮出证据,掷地有声。2016年7月21日,正值北京特大暴雨四周年,车毁、人亡、路面积水的集体记忆在这一天喷涌在网上,公主坟地铁进水的图片、居庸关滑坡的视频,甚至人员伤亡的声音开始出现,很快,@北京地铁辟谣那其实是前段时间武汉地铁站进水图片的PS版,市防汛部门宣布居庸关滑坡视频为假,无人员伤亡,市水务局官方微博@水润京华通报市内桥下积水点,提醒"小伙伴们注意绕行",市公安局官方微博@平安北京则严肃告诫:编造虚假的险情、疫情、灾情、警情,在信息网络或者其他媒体上传播,或者明知是虚假信息,故意在信息网络或者其他媒体上传播,严重扰乱社会秩序的,将触犯刑法,必受追究。一次暴雨,彰显了北京政务微博系统的矩阵力量,也在众目关注之下坦坦荡荡辟除谣言,完成了一次漂亮的舆论引导。

此外，网络上从来不缺少各种情绪的宣泄，在突发事件中尤甚。如果政府部门确实有错，事实受损，那么政务微博就要考虑首先就从价值角度去修复，通过诚恳的善意和态度去赢得舆论的谅解，从而争取处理危机的时间和空间。

（四）注重部门统筹，提升突发舆情引导实效

如前所述，网络热点事件往往跨部门、跨层级、跨领域，为党政部门引导舆论的实效性带来挑战。2016年7月30日，国务院下发《在政务公开工作中进一步做好政务舆情回应的通知》中，对舆情回应的责任主体、内容和实效都进行了明确规定。2017年1月，国务院办公厅印发《关于促进移动互联网健康有序发展的意见》中提出，要推动各级党政机关积极运用移动新媒体发布政务信息，提高信息公开、公共服务和社会治理水平。事实上，通过复杂舆情的应对和舆论引导的锤炼，倒逼各部门不断理顺统筹联动工作，正在成为提高部门舆论引导能力、提高突发舆情引导实效的助推力。

无论是常态下的舆论引导，还是舆情危机事件的应对，所有的舆情应对都必须以业务部门的扎实工作为前提，业务部门“做得到”，舆情应对才能“说得对”，业务部门“做得对”，舆情应对才能“说得好”，业务部门“做得好”，舆情应对才能大音希声、臻于至善。

第三节　网络舆论引导工作需要避开的误区

作为管理部门，对网路舆论引导，要避免理性的无知，即出于自身利益的考虑而刻意忽略于己不利的“负面信息”，在僵化封闭的系统里故步自封、自娱自乐。

一、避开行动误区

（一）不要迷信删帖、删评论

有不少官员感慨："自从开通政务微博，说什么都可能挨骂"。这本是当前网络环境下的正常现象，但是部分领导一旦发现负面评论，就下意识地想删去，"公关"网站负责人或者论坛版主，把负面言论彻底删除；或者通过技术手段，将负面信息在百度等搜索引擎的搜索排名进行打压；或者直接利用行政手段，请上级主管部门动用管理权限，直接封帖或封号。这种直接删除的做法，看似干净利落，但是互联网是有记忆的，即使这一次销声匿迹，下一次就有可能付出双倍代价。事实的真相只有一个，及时公布事实真相，依法做好线下处置，有错改之，对则坚持，并通过政务微博告诉网民事情的整个经过，合理引导网民做出正确判断，这才是最重要的。

（二）不要迷信"网络公关""媒体公关"

基层处于舆论引导的最前线，用一些干部的话说，就是实战中"阳春白雪不管用，下里巴人更有效"。这位干部所说的"下里巴人"，有时就是网络公关、媒体公关。突发事件初起，出于平息事态的考虑，一般都会联络相熟的媒体，"打好招呼"不报道或者晚些报道，然而，纸包不住火，网络传播环境下，事件的相关消息很快就会出现在网上。此时，各种名号的公关公司、文化传播公司、水平参差不齐的"写手"就会应召而上。事实上，这些名头繁多、花费不菲的"公关"活动，恰是新的传播环境下掩耳盗铃、自欺欺人的行为。事实证明，每一次突发事件最终都是以言论观点的理性和深刻来赢得引导舆论的能力，政务微博完全可以通过提塑自身素质来达到这一目的。

二、摒弃思想误区

(一)摈弃敌对思维

网络舆情事件,在一些部门被认定为需要维稳的群体性事件,因此,从事件刚一曝出,政府就将自己置于网民、媒体、舆论的对立面。一些政务微博中出现了“不明真相人员”“不明真相群众”“别有用心的人”等措辞,很容易把网民推向“敌对”阵营,且被舆论误读为“高高在上”“推卸责任”。在新的传播环境下,群众获得了更多的信息渠道,在突发事件中,政务微博更应该通过与网民坦诚相见、真诚互动,获得网民在信息、观点、情感等方面的支持,与网民一起推进真相的还原,促进事情的解决,形成引导舆论、建立信任的良性循环。

(二)摈弃依赖思维

这种依赖思维,一种是表现为认为“网络可控”的侥幸心理,将网络等同于传统媒体,认为网络舆论是可以控制甚至是可以操纵的,从而在心理上产生一种虚妄的舆论安全感。另一种是表现为过分依赖宣传部门,认为“出了事”宣传部门会来“兜底”,但事实上,但凡遭遇舆论危机,问题往往处在业务部门,此时宣传部门若“控制舆论不力”,又会反过来抱怨宣传部门“无能”。这两种依赖思维,无论是对于日常行政,还是对于突发舆情时的舆论引导,都是有害的。网络舆论只能引导不能管控,宣传部门不是“整形师”,在舆情应对中,问题的解决才是第一位的,业务部门的扎实工作才是真正的彻底的舆论引导。

(三)摈弃“捂”的思维

“家丑不可外扬”“丢脸丢人丢乌纱”……尽管互联网进入中国已经20多年,网络舆论管理成为各级部门必须面对的课题,还是有不少干部视网络为洪水猛兽,辖区内的突发事件都想关起门来解决,封锁消息,不对上级汇报，不向社会公开，结果事情越“捂”越大、得不偿失。

（四）摈弃“网络让问题扩大化”的错误观念

部分干部认为网络成事不足、败事有余，政务微博是花拳绣腿、中看不中用，即使开通了政务微博，也很少更新。政务微博“僵尸化”[1]现象严重，引起了人民网舆情监测室的关注，虽然政务微博的总数在增长，但不少政务微博停止更新的现象也越来越多，仅在新浪微博平台上，约42000个官方微博在2015年9月之后就没有再更新，部分账号在2015年全年无更新，甚至不少账号自注册以来从未发表过文章。要想守护好政务微博这块舆论阵地，首先必须摈弃网络无用或者网络让问题扩大之类的错误观念。

[1] 笔者注：连续三个月未更新微博被称为“僵尸微博”。

第七章　首都网络舆论管理

2014年2月，习近平总书记在视察北京重要讲话中明确了北京是全国政治中心、文化中心、国际交往中心、科技创新中心的城市战略定位。[1]7月25日，北京市委书记郭金龙在北京市上半年经济形势分析会上指出，"我们的各项工作都要服从和服务于首都城市战略定位"。[2]作为政治中心，首都安全稳定至关重要；作为文化中心，北京要大力发挥示范作用；作为国际交往中心，北京需要不断提高城市的国际影响力，向世界展示发展中的社会主义大国首都的良好形象；作为科技创新中心，北京担负着抢占经济和社会发展先机的重任。

另一方面，北京"四个中心"的城市战略定位，也为首都的网络舆论管理带来挑战。作为政治中心，各种政治观点、政治人物在此碰撞交流交锋，各级各类政治活动频繁开展；作为文化中心，各类文化人士聚集于此，文化活动场所集中，文化活动种类繁多；作为国际交往中心，北京是各种思想思潮的交汇之处，不仅有国内的各种思潮汇聚，而且有国际的思想和意识通过网络平台实现渗透；作为科技创新中心，北京的技术发展日新月异，为舆论传播插上翅膀。

---

❶ 新华网：《习近平在北京考察 就建设首善之区提五点要求》，2014年2月26日，http://news.xinhuanet.com/politics/2014-02/26/c_119519301.htm.

❷ 人民网：《人民日报声音：服从服务于首都城市战略新定位》，2014年7月28日，http://opinion.people.com.cn/n/2014/0728/c1003-25352584.html.

第一节　首都网络舆论场的特性

一、首都常年承受巨大的网络舆情压力

根据人民网舆情监测室的公开数据，2014年北京在全国各省市的网络舆情压力榜上排名第二，2015年排名第二，2016年城市舆情压力较上一年度有“明显上升”，并特别指出北京成为舆情高发地区，“这在往年是难以想象的”。[1]政府对网络舆论极其重视，网络作为意识形态阵地的意义被多次提起，北京作为舆论压舱石的地位被突出强调。

（一）同类事件发生在首都时更容易达到舆论巅峰

近年来，社会安全类事件成为网络舆情事件高发领域，同时，这类事件的舆论在蔓延至北京时更容易达到舆论峰值。究其原因，包括但不限于以下两点。

一是舆情所涉同类问题北京处置效率相对更高。近年全国多个地方频繁曝出疑似校园“毒跑道”事件，据央视《新闻1+1》不完全统计，2015年，出现疑似“毒跑道”问题的，就有辽宁、内蒙古、江苏、浙江、江西、河南6个省市的多个学校，具体城市多达15个。2016年，沈阳、成都、北京等地都出现了疑似校园“毒跑道”事件。[2]

2015年9月，新学期伊始，2400名江苏省常州外国语学校的学生搬入新校区，从此风波不断，“毒地”“污染”等相关爆料甚至先后引发三次舆情危机。[3]第一次舆情危机：2015年12月，有家长在接送孩子时闻到学校

[1] 人民网舆情监测室：《2016年中国互联网舆情分析报告》，2016年12月。

[2] 新华网：《全国多地现疑似“毒跑道”事件 检测结果均合格》，2016年6月14日，http://news.xinhuanet.com/local/2016-06/14/c_129058871.htm.

[3] 人民网舆情监测室：《常州外国语学校毒地风波，三次舆情预警为何失效?》，人民网舆情监测室微信公众号文章，2016年4月19日。

周边有刺激性气味，后得知是污染场地在进行土壤修复施工，随后，许多学生出现异常症状与疾病，引起相当一部分家长恐慌，线上将爆料文章上传至当地论坛、百度贴吧、新浪微博、本地微信公众号，线下超过1200名家长联名上书要求政府出面协调解决学校搬迁过渡的问题。危机出现后，副市长现场办公协调处理，包括紧急叫停土壤修复工程、对外公布六项关键空气质量指标监测结果是符合国家标准。但2016年1月29日环保部通报最新调查情况，称现场挖掘出含刺激性气味的污染土壤和被填埋的固体废物，且污染物超标。第二次舆情危机，2016年2月29日，《财新周刊》首次揭露常州外国语学校附近的污染问题，直指校方选址合法性、农药厂老工人举报地下埋有危险废物的可疑性和目前替代修复方案的合理性，并报道了学校委托第三方公司进行的空气和部分放射性状况及土壤、地下水监测报告，结果“检测指标均达标”。对这一次舆情危机，政府相关部门没有就媒体的报道进行单独的回应与公共解释。第三次舆情危机，2016年4月17日，央视新闻报道引发广泛关注，《人民日报》、人民网、新华网等主流媒体对事件进行报道，@央视新闻首发曝光微博转发量达6.2万次，评论1万余条，780多位微博认证名人参与话题，舆情汹涌。从舆情发展进程上看，面对积蓄的民意，当地政府也并不是没有作为，相反，部门领导十分重视，第一时间处置也比较果断，但政府采取的后续措施没有能打消家长的疑虑，政府反复出具的环评“安全”报告与现实中大量孩子身体健康出现问题形成巨大反差，在权威通报中，对学生的中毒反应轻描淡写，特别是面向家长情绪化诉求，政府强势，进一步刺激了本已脆弱的对话关系。在媒体介入调查后，有关部门既没有对新生舆论关切进行回应，也没有安抚家长越来越焦虑的情绪，失声失态，拖延应对。总体来看，常州外国语学校“毒地”事件，前后大约半年时间，舆情多次反复并发生危机，学校、政府公信力都受到损害。

反观随后“接棒”的北京若干学校“毒操场”事件，从事件曝出到舆情平息，经历三次舆论高潮，先后经历两个月时间。2016年5月31日，北京第二实验小学白云路分校塑胶跑道疑似导致学生身体出现不同程度的病症的文章经微信公众号“三塘铺人”曝光，《法制晚报》随后报道，两天内舆情热度急剧上升，出现第一次舆论高潮。对此，相关部门启动排查、接受家长咨询、进行检测采样。第二次舆论高潮出现在6月14日前后，政府公布检测结果符合国家标准，央视新闻频道《今日关注》《新闻1+1》等栏目对问题跑道及全国“毒跑道”事件进行梳理报道，形成新的舆情热点，国家标准是否符合标准、能不能跟得上时代的发展，成为舆论热议的话题。对此，北京市教委做出回应，立刻会同各相关部门着手制定中小学塑胶操场和跑道的建设和监测标准。新标准出台前，各校所有在建或待建操场暂停施工，对所有中小学、幼儿园塑胶操场、跑道和地面铺设物进行排查。第三次舆论高潮出现在6月21日晚央视财经《经济半小时》报道“‘毒跑道’竟是工业废料黑窝点，离北京不到200公里”播出之后，在节目里，记者调查显示大量使用在校园内透气型塑胶跑道的黑色塑胶颗粒竟是“三无”产品。22日晚，教育部就学校塑胶跑道质量问题发声，称严肃查处相关责任人、决不手软。❶

可以发现，常州和北京的校园“毒”风波具有诸多相似之处，如都涉及校园安全问题，都备受舆论关注，都经历了数次舆论危机，但两地相关部门在舆情危机处置时效、问题的调查处理以及回应舆论关切等方面都大不相同，舆论引导的成效也高下立现。

二是首都网络舆论往往在舆论中后期进行更多的理性思考与深度探讨。由于北京聚集了大量专业化媒体和精英群体，在社会事件演化成舆情事件时，往往能以客观公正的视角对事件进行分析，一定程度上影响舆论走向。2013年7月25日夜，北京什刹海景区管理处工作人员和什刹海城管队员在景区巡查时发现一名9岁未成年女孩在路边摆摊占道经

❶ 人民网：《教育部回应“毒跑道”：严处相关责任人 决不手软》，2016年6月23日，http://edu.people.com.cn/n1/2016/0623/c367001-28471364.html.

营。在执法过程中，工作人员与女孩父亲田先生发生口角争执，继而发生肢体冲突，导致田先生和工作人员不同程度轻微伤。[1]次日，事发现场视频曝光，一些自媒体、《新京报》等市场化媒体对事件进行报道，舆论批评政府、调侃城管的倾向明显。27日，人民网法治频道发文《北京西城回应"父陪9岁女练摊遭围殴"：成立调查组并寻找当事人》，表明官方态度。同一天，北京西城官方微博上的回应被疑偏向城管，刺激了舆论已有的对立情绪，质疑矛头开始由城管商贩转向政府态度。28日，当事人田先生在微博上回应舆论质疑焦点，4个小时转发过万评论近万。网民意见逐渐形成两股"主流"，一是认为城管不给孩子练摊机会太过分，二是认为随地摆摊违法、家长也需要注意教育方式，但最大的分歧仍然集中于谁先动手以及是否有预谋。这种情况下，《北京日报》8月2日刊出评论文章《先教孩子懂得守法守秩序吧》，文中指出："一个社会要有秩序，要讲道德约束，要讲法律强制。所谓'天下之事不难于立法，而难于法之必行'。法之必行靠什么？要靠严格执法、没有例外。如果执法、管理行为往往只能收获骂声，那么到底管还是不管？又该怎么管？是不计后果'挺身而出'，还是消极求稳，'任凭问题起，我自无作为'？或是指望靠'眼神执法''下跪执法'发挥作用？法之必行，更要靠法治精神、法治意识真正融入每个人心中。假如只有在法律、规则对自己有利，要求伸张权利时才呼唤'法治'，而一旦法律、规则让自己不那么舒服自由，就我行我素地挑战规则、冲撞底线，那社会将陷入何种失序的状态，权利又如何得到保障？这显然不可想象。"[2]文章直言"知法守法，守规矩守秩序，应是孩子的社会实践第一课，同样也值得很多人自省。"措辞严谨，说理透彻，对事件进行了建设性思考和评价，一定程度上影响了舆论的走向。

---

[1] 新华网：《北京西城区公布"女童摆摊父亲被打"事件初步调查结果》，http://www.guancha.cn/society/2013_07_28_161704.shtml.

[2] 人民网：《北京日报：先教孩子懂得守法守秩序吧》，2013年8月2日，http://cpc.people.com.cn/pinglun/n/2013/0802/c78779-22422117.html.

（二）北京本地事件多次成为年度网络舆情热点事件

近年来，改革深水期议题多样、热点频出，北京成为全国舆情压力最大的地区之一，频频发生轰动全国，甚至影响世界的舆情事件。2014年，在依法治国的年度话语背景下，网络舆论进入高压态势管理格局。舆论更为关注宏观叙事，反腐舆情持续深化，中纪委网站成为网民心目中“最大的正能量发布网站”。APEC结束之后，微博、微信上热情呼唤APEC蓝，人民日报等主流媒体纷纷发表评论为环保建言献策，国家主席习近平也在欢迎晚宴致辞中表示要通过不懈努力让APEC蓝保持下去，APEC蓝成为舆论场中官民良好互动的范本。2015年，亚投行、一带一路等成为首都舆论场热议话题，纪念中国人民抗日战争暨世界反法西斯战争胜利70周年大阅兵、北京张家口成功申办冬奥会、李克强敦促各部委简政放权、专车管理问题引热议、屠呦呦获得诺贝尔医学奖6事件入选年度热点舆情事件。[1]2016年30件全国热点舆情事件中，发生在北京的就有7件，包括青年魏则西之死、雷洋事件、交通部发布网约车新规、王宝强离婚事件、东北女孩怒斥广安门医院号贩子、北京和颐酒店女子遇袭事件、中关村二小疑似“校园欺凌”事件等。[2]纵观这些舆情热点事件，可窥得首都网络舆论场的两个趋势性特点：

第一，民生类话题持续舆情高压态势。一些与民生关系密切，尤其是司法、环保、住房、教育类社会事件，一经发酵，能迅速形成热点议题，甚至转化成意识形态事件，这是首都网络舆论管理必须面对的挑战。2016年高考减招风波骤起，舆论影响涉及湖北、江苏、北京等多地，在舆情发酵的过程中，教育公平问题、户籍制度、学区房等问题被热炒，北京由于优质教育资源集中，又增加了非京籍学生入学、高考等问题，甚至出

---

[1] 人民网：《2015年互联网舆情分析报告：2015年网络热点舆情》，2015年12月24日，http://yuqing.people.com.cn/n1/2015/1224/c401685-27972434.html.

[2] 新华网：《以舆情治理为契机 提升社会治理能力——2016年度社会热点事件网络舆情报告》，2017年1月4日，http://news.xinhuanet.com/yuqing/2017-01/04/c_129432155.htm.

现了“高考拼不过官二代富二代”、阶层固化、社会板结等言论。

第二，网络舆论表现出越来越强的民族自信心、民族自尊心和民族自豪感，出现了越来越多的展现祖国强大、展现爱国热情的文化产品。2016年10月，神州十一号与天宫二号对接成功，点燃网民爱国热情，“厉害了我的国”等网络流行语瞬间刷爆网络平台，不少网民称“我为祖国强盛而自豪”。2017年5月，“一带一路”国际合作高峰论坛在北京举行，引起了国际舆论和沿线国家的热烈反响，也引发国内媒体和网民的创作热情：@人民日报推出的“一带一路”广告片《WE》被点击230余万次，新华社客户端发布微视频《大道之行》，@光明网搭建直播平台，受到上万网民关注……[1]网民纷纷留言表达激动之情，提升中国国际经济政治地位、扛起全球化大旗助力全球治理、带动世界经济发展、惠及世界多国实现多边共赢等议题大行其道，舆论氛围充满了祖国繁荣强大带来的自尊和自信，以及作为中国人的自豪感。这种民族自信心和自豪感在2017年7月份热播的现象级国产大片《战狼2》里更是得到了“爆棚”式体验，中国大使馆百般保护海外同胞、海军舰长大声怒吼“开火”、主角高举红旗带领撤侨车队穿过非洲战区、交战双方停火让路等细节，让观众深切感受到祖国的强大，《人民日报》、央视新闻频道、新华社予以高度评价，从荧幕到网络，国家崛起、民族自信、吾辈自强成为集体回响。[2]

（三）首都处在针对国际敌对势力渗透进行斗争的前沿

随着中国的发展壮大，国际敌对势力也加紧了渗透和打击。当前中国发展壮大，引发一些西方国家不安，从明火执仗鼓噪“中国威胁论”到隐秘渗透西方宪政民主等价值观念，逐渐将我国推到意识形态斗争的最

[1] 侯鑫森、刘思杙：《两微一端：全方位解读“一带一路”引关注》，人民网舆情监测中心微信公众号文章，2017年5月18日。

[2] 新华网：《〈战狼2〉爆红彰显致敬英雄的时代风尚》，2017年8月2日，http://news.xinhuanet.com/2017-08/02/c_1121418708.htm.

前沿，首都首当其冲，具体表现为：

第一，一些错误思潮往往在敏感时间上网发声，试图扰乱网络秩序。长期以来，历史虚无主义、普世价值、民粹主义等极具煽动性和诱惑性的错误思潮盘踞网络。当前，各种错误思潮虽然受到了批判和抑制，但仍会在一些重要的敏感时间节点，改头换面，上网发声，打着研究军史、研究党史、反思历史的旗号，诋毁英雄，贬损领袖，歪曲历史。

第二，国际意识形态的渗透手法更为直接、多样和激烈。随着中国发展壮大，日益走进世界舞台的中心，西方国家把中国视为挑战和威胁其价值观念和制度的主要对手，进一步加紧意识形态的渗透和颠覆。在渗透方式上，西方国家在华使馆经常直接介入中国社会热点问题，甚至公开介入中国社会矛盾，借机攻击我国的政治制度和思想文化。在斗争手法上，国际敌对势力鼓吹“中国威胁论”，在国际舆论场上妖魔化中国。在渗透途径上，注重文化渗透、宗教渗透、外交渗透，千方百计地输出宪政民主等西方价值观。

（四）首都对其他城市具有较强的示范效应

首先，首都的公共管理政策对其他城市具有一定的示范效应。发端于北京的车辆“摇号”政策、限行政策、住房限购政策等地方性政策，已被其他多个城市“效仿”，大城市的示范效应已经显现。2016年10月8日下午，北京发布网约车细则，对网约车车辆和驾驶员提出了“史上最严要求”，规定驾驶员必须是本地户籍，车辆必须是本地车辆，且轴距必须在2700毫米以上。半个小时后，上海发布网约车细则，与北京一样，要求本地户籍、本地车辆、燃油车2700毫米以上轴距、新能源车2650毫米以上轴距。几个小时后，深圳、广州也相继发布网约车新政地方版细则，深圳规定本地户籍和持有《深圳经济特区居住证》的均可申请从事网约车精英，广州则最为宽松，只对驾驶证、文化程度、驾驶年龄做了要求。[1]

其次，首都的网络舆论具有较强的示范效应。这种示范性可以进一步细分为两个层次，一是首都的舆论引导对其他省市有较强的示范效应，二是首都中心城区的舆论引导，对非中心城区的相关工作有较强的示范性。2016年全国多个省市发生校园“毒跑道”事件，北京市西城区、丰台区、朝阳区、平谷区等多个区都被曝光有“毒跑道”“毒操场”。从相关部门的舆情监测来看，舆论对发生在北京以及西城区的校园“毒跑道”事件给予了更多的关注，央视等各大主流媒体持续报道，社会各界发表评论，微博等自媒体上热议不断，属地相关部门、北京市教委、教育部等机构先后回应，相关内容都会形成新的舆论高潮，相关部门的舆情应对也受舆论考验。

二、首都网络舆论场更关注相对严肃的话题

（一）吏治反腐类

党的十八大以来，我国反腐工作力度加大，“打老虎”“拍苍蝇”，节奏紧密，引起舆论强烈关注。仅以2015年为例，原南京市委书记杨卫泽涉嫌严重违纪违法被组织调查、天津市公安局原局长武长顺等3名公职人员被开除党籍开除公职、云南省委副书记仇和等公职人员被相继调查、红色通缉令缉拿百名外逃人员等，吏治反腐热点话题连续重磅上线，获得舆论点赞。

（二）公共政策类

近几年，北京公共政策频频出台，尤其是与民生密切相关的政策一经出台，就会引起舆论关注。公务员工资调整、北京楼市新政、央企降

[1] 杜希萌、齐逸凡：《网约车新规草案，网约车司机哭了，你哭了吗?》，中国之声微信公众号文章，2016年10月9日。

薪、《中国足球改革总体方案》、北京等地专车软件治理、养老并轨改革、全面二孩等话题，在2015年受到持续关注，尤其是京津冀协同发展、非首都功能疏解等受到首都网络舆论密切关注。2016年，高考减招风波波及北京，在政府和传统媒体的共同努力下，消除了政策误读，抑制了恶意炒作。2017年4月，雄安新区设立，搅动春天，舆论为“千年大计”沸腾；北京医改，提高百姓就医质量；在京津冀协同发展和非首都功能疏解的大背景下，北京“一核两翼”的格局和愿景，让舆论充满期待。

（三）未成年人及弱势群体保护

这一类话题在首都网络舆论场上的活跃度很高，话题涉及孩子、学生、女性、农民工等多种社会角色。

一是关于孩子的议题。在网络舆论场上，孩子本身并没有多少话语权，更多的时候，是作为被侵犯、被保护、被伤害的弱势群体，出现在各类社会热点事件中。贵州留守儿童连续死亡的悲剧触痛社会，在舆论的关注下，北京发布《留守儿童生存现状白皮书》进一步呼吁社会加强对留守儿童的保护，国务院印发《关于加强农村留守儿童关爱保护工作的意见》，要求各级政府履行职责，维护未成年人合法权益。北京孩子被偷被抢的传言每隔一段时间就会在妈妈群、微博、微信等自媒体上传播，遍及顺义区、通州区、房山区、朝阳区等不同区域，引发不明真相的家长恐慌。

二是关于女性的议题。女性和弱势，两个颇具有标签意义的话题加在一起，往往能生成社会热点事件，引发舆论关注。2016年8月，甘肃农妇杨改兰在家杀死4个孩子后服毒自杀，极端个案悲剧引发舆论对人性等严肃话题的讨论。2017年4月，在北京做育儿嫂的范雨素，用纸笔写了十万字的自传网络小说《我是范雨素》，在舆论的关注中成为现象级“小人物”和励志典范。此外，除了传统意义上的弱势女性群体，近年来在失踪、校园贷、网络暴力等话题中频频亮相的女大学生，往往受到人身、财产和生命的侵害，成为网络语境下颇为引人注目的对象。

（四）公众人物

公众人物往往具有一定的知名度，言行备受关注。很多公众人物还是微博“大V”，活跃在网络舆论场上。2015年5月，北京外国语大学副教授乔木微博举报主持人何炅吃空饷，引来关注，4天后，何炅正式辞职，举报人却遭到部分不理智粉丝的辱骂、攻击和人身威胁，个人隐私被公布。针对公众人物及其粉丝的网络群体行为，《人民日报》批判道，“网络是数亿网民的‘公地’，公认的文化认知、共同的道德操守、一致的运行规则、严格的约束机制，才能让狂热降温、让理性回归。”

（五）全国性重大突发事件

作为文化中心，《人民日报》、新华社、中央电视台等全国性的媒体机构以北京为依托，对全国范围内的重大事件进行报道，成为首都网络舆论场的先天优势。2015年8月天津滨海新区危化品仓库大爆炸震惊全国，首都主流媒体微博成为最新消息的重要来源。截至8月18日10时，@人民日报@央视新闻@新华视点@人民网有关天津爆炸的微博总量分别为143条、199条、142条、239条，分别占相应时间段发博总数的56%、58%、55%和58%。从传播影响来看，@人民日报以总转发数500多万次位居第一。[1]媒体微信公众号推送新闻的速度上，新华视点微信公众号反应最快，《人民日报》微信公众号共发布23篇相关文章，图文阅读总人数超过700万人次，首都网络舆论对事故保持了持续的高度关注。

（六）重大活动

北京常年举办各级各类重大活动，吸引着全世界的目光。每年的全国两会都成为新一年度最先“热”起来的议题，传统媒体、门户网站和各类媒体通过网上调查、微博直播、网络专题等形式向网民推送图文和视

[1] 人民网舆情监测室：《天津头七之祭——国内主流媒体传播报道分析》，人民网舆情监测室微信公众号文章，2015年8月18日。

频，深度参与话题形成和讨论，有不少人大代表直接在微博上征集民意，网络两会已经蔚然成风。纪念中国人民抗日战争暨世界反法西斯战争胜利70周年阅兵式、南京大屠杀死难者国家公祭日、“一带一路”国际合作高峰论坛等重大活动受到舆论高度关注，网络舆论场上充满了祖国强大、带动世界经济发展的自豪与自信，成为集体宣扬新中国风采、新中国实力的窗口性事件。

第二节　首都网络舆论引导的现实路径

一、做好首都网络舆论引导需要具备的几个意识

（一）政治意识

首都网络舆论引导的政治意识，包含两个方面的含义：一是要坚持党性原则，祛除网络空间的“假、恶、俗”，积极传播正能量，坚持正确的舆论导向，引领社会舆论，凝聚社会共识；二是要坚持底线原则，尊重事实，客观理性，主动承担社会责任。党的十八大以来，习近平总书记多次发表重要讲话、作出重要指示，提出了许多富有创见的新思想新观点新论断新要求。新华社组织力量，全面梳理了习近平总书记自1989年5月以来50多篇有关新闻舆论工作的讲话、报告、谈话、批示等，2016年汇编成《习近平论新闻舆论工作》一书，中宣部主管领导作出批示，要求中宣部相关同志人手一册。[1]2017年12月，新华出版社出版《习近平新闻舆论思想要论》，包括“绪论”和“职责使命论”“党性人民性统一论”“正面宣传为主论”“创新为要论”“时度效标尺论”“增强国际话语权论”“网上舆论引导论”“媒体融合发展论”“‘四向四做’人才论”“善用善管媒体论”10章共计20万字，对习近平总书记新闻舆论思想进行了系统梳理和深入解读，

---

[1]《〈习近平新闻舆论思想要论〉是怎样编撰出版的》，《中国记者》，2018年第3期。

受到了学界和业界的广泛关注和高度评价。

（二）大局意识

党的十八大以来，习近平总书记多次论及和强调大局意识，要求“必须牢固树立高度自觉的大局意识，自觉从大局看问题，把工作放到大局中区思考、定位、摆布”，“要善于用‘弹钢琴’，处理好局部和全局、当前和长远、重点和非重点的关系”，[1]从认识论和方法论角度深刻回答了什么是大局意识，如何服从大局、维护大局，解决实际问题。

首都网络舆论引导的大局意识，一是政府部门之间要建立联动工作机制，既包括业务部门之间的信息沟通，也包括业务部门与宣传部门之间的联动工作，形成引导合力，在网络舆论场上塑造高效务实的良好形象。需要注意的是，部门联动除了要在同级之间形成有效工作机制、进行联动工作之外，也要进一步打破条块分割、理顺上下级关系、协调不同区域，共同应对网络舆情事件。二是要突出强调线上线下的联动工作机制，传统媒体融媒体矩阵、政务微博、政务微信的线上发布和相关部门线下的调查事件、解决问题、兑现承诺等实际工作进展形成闭环，做到线上有发布，线下有行动，线上有承诺，线下有践诺，线上有号召，线下有响应，贯穿舆情应对工作全过程。2017年，“严厉打击开墙打洞”写入北京市政府工作报告，按照北京市“疏解整治促提升”专项行动计划，2017年全市将整治“开墙打洞”约1.6万处，其中城六区整治“开墙打洞”约1.56万处。其中，西城区和东城区5305处，占城六区总体任务的1/3，西城区整治不少于3000户，重点是长安街沿线。东城区拟治理“开墙打洞”2305处。[2]从政策发布开始，千龙网、北京微博微信发布厅等新媒体就主动进

[1] 新华社：《增强大局意识 推进事业发展——二论强化“四个意识”、决胜全面小康》，2016年6月20日，http://news.xinhuanet.com/politics/2016-06/20/c_1119078646.htm.

[2] 千龙网：《北京封堵开墙打洞热火朝天 核心区如何“刮骨疗伤”？》，2017年2月21日，http://beijing.qianlong.com/2017/0221/1422913.shtml.

行政策解读，就“开墙打洞”的含义、治理行动的意义、行动愿景等内容，推出系列文章，并配合线下治理行动的推进，推送治理成效文章，展现优美环境、良好社会秩序，受到百姓欢迎、舆论点赞。

（三）首善意识

首都的舆论工作必须要坚持首善标准，精准分析、客观阐述、深入挖掘，善于澄清真相、还原事实，善于引领舆论导向。

首都网络舆论引导的首善意识，一是要“快”，主动作为，不犹豫，不等待。2015年2月，习近平总书记在省部级主要领导干部专题研讨班开班式上发表重要讲话，《北京日报》推出文章《“四个全面”战略布局是怎样形成的》，提出“用马克思主义的唯物辩证法深刻认识‘四个全面’的内在逻辑关系”“用统筹协调的方法贯彻落实好‘四个全面’的战略布局”“把协调推进‘四个全面’战略布局的贯彻落实同全面推进伟大事业和伟大工程的两个‘五位一体’总布局结合起来”，第一时间对“四个全面”进行理论论述。[1]二是要“新”，首都网络舆论引导，要面对新问题，结合新形势和新要求，想新办法，出新文章，做新事情。纵观近几年首都网络舆情热点事件，如功能疏解、行政副中心建设、雄安新区设立等，《人民日报》等党报党媒都积极作为，从内容设计、发布渠道、立论观点等方面进行创新表现。2017年5月北京举办“一带一路”国际合作高峰论坛前后，中央人民广播电台中国之声推出《怎么用“一带一路”国家的语言说“一带一路”?》，人民日报让8个国家的大学生用一块画板、一打颜料绘成“一带一路”首发广告片《WE》，光明网推出手绘萌漫深度解析“一带一路”的文化密码，在表现手法上，Rap、视频、系列短片、微纪录片、动图、水墨动画、游戏等富有互联网气质的形式密集涌现，以新颖的表现形式和精彩的细节内容吸引众多网民围观并参与互动，在舆论场掀起连番热

[1] 首都之窗:《北京日报社党组书记、社长傅华做客网站在线访谈》，2016年4月1日，http://shipin.beijing.gov.cn/html/ItemId27/2016-04-01/7850.html.

潮。三是要“实”，舆论引导要看到问题本质，抓住关键，把道理讲通，把事情做实。2015年、2016年和2017年连续三年，全国两会前后，雾霾问题都会在网络上热炒一时，一定程度上反映了社会对环境问题的关注和焦虑，是社会对政府治理的监督和倒逼。对这一问题，北京市委书记蔡奇明确表示，“治霾的问题要加强与百姓的沟通，要回应社会关切，形成共同治理的局面”。

二、做好首都网络舆论引导的几个实用技巧

（一）把握敏感时间节点，加强舆情监测和引导

据网络舆论管理部门监测，维护网络舆论生态、加强网络舆论引导，需要在敏感时间节点上提高工作能力。这些敏感时间节点包括：一是历史性事件周年纪念日，如建党纪念等，需要对历史虚无主义等错误思潮和负面情绪在网络舆论场上的声音加强监测，并予以坚决回击。二是例行政治活动召开前后，如全国两会，需要对可能引发炒作的各类深层次社会问题等建立舆情应急预案，争取话语权，积极进行正面引导。三是法定节假日，如春节、五一假期、国庆节假期等，人们在休假相对放松的状态下，有更多的时间和精力分享信息、围观事件，对此，需要对可能引发舆情危机的社会事件保持密切关注，以诚信负责的态度，提高与网民对话质量，提升问题解决实效。

（二）借助中产阶层力量，优化舆论引导格局

“中产阶层”的概念是什么？官方并没有给出明确的定义。[1]2015年，波士顿咨询公司中国消费者洞察智库的调查称，中国中产以上家庭将超亿户，调查指出，此次调查将月收入8000元~1.2万元划定为中产阶

[1] 人民网：《中青报：为啥不愿承认自己中产了》，2016年11月16日，http://opinion.people.com.cn/n1/2016/1116/c1003-28871388.html.

层。[1]瑞士信贷的报告将中产阶层定义为"社会稳定和繁荣的代理人"。[2]在主流媒体的报道中,"中间阶层""中等收入群体"被用来描述中产阶层。央视新闻微信的一篇文章,引用中国劳动学会副会长苏海南《我国中等收入群体调查》的说法,指出了中等收入群体的几个特征:生活较富裕且收入水平、生活水平较稳定,职业处于社会中等及其附近职业的社会群体,初步拥有大体相近的价值观及行为规范等。[3]

2016年7月,《经济学人》杂志指出:"中国的中产阶层有2.25亿人,家庭年收入8万到30万人民币"。2016年11月,经济学人智库发布报告,认为中国将在2030年前迈入中等收入国家的行列,3/4的中国人将成为中产阶层。[4]由此看来,中产阶层正在成为我国社会的主体,中产阶层的任务应当以道德改革、生活改善、协助社会治理为重,目标应当是缓解社会矛盾、促进社会稳定。

2016年12月,一篇名为《每对母子都是生死之交,我要陪他向校园霸凌说NO!》的微信文章深夜发出,作者在文章中讲述了10岁孩子在中关村二小遭遇的校园暴力,迅速引起社会广泛关注。在舆论发酵的过程中,由于相似的社会地位和共同的利益诉求,面对校方冷漠轻慢的态度,中产阶层成为对这一事件关注度最高的群体。不过,也正是这一群体,在网上争论的过程中,冷静思考,发出了"这是孩子之间的事,应该由孩子自己解决,家长出面使事情复杂化了""家长不该借舆论施压"等声音,另有人列举国际上对"霸凌"的界定、呼吁理性看待问题等,一定程度上发挥了稳定舆论、净化舆论的作用。

---

❶ 人民网:《中国中产以上家庭将超亿户》,2015年7月1日,http://world.people.com.cn/n/2015/0701/c157278-27236394.html.

❷ 人民网:《人民日报域外听风:以品质提升"追赶中产阶层"》,2016年3月23日,http://opinion.people.com.cn/n1/2016/0323/c1003-28219043.html.

❸ 曾于里:《中产阶层如何"反脆弱"?》,《南风窗》,2017年第13期,第96页。

❹ 人民网:《中青报:为啥不远承认自己中产了》,2016年11月16日,http://opinion.people.com.cn/n1/2016/1116/c1003-28871388.html.

（三）加强舆论阵地管理，丰富舆论引导层次

首都网络舆论管理，加强阵地管理很有必要。鉴于微博、微信已成为平台级入口，具有强大的舆论影响能力，需要进一步加强对微博、微信等自媒体的舆情监测力度，加大对知乎、分答等社区型新媒体对社会价值取向影响的关注。

从现实阵地来看，北京有很多标志性的文化演出和演绎场所，比如人民大会堂、国家大剧院、首都博物馆、首都图书馆、798艺术区，等等。2016年5月2日晚，人民大会堂上演“在希望的田野上”交响演唱会，演唱会现场在背景上打出一系列宣传标语和采用革命时期画报元素，[1]引起舆论炒作，严重损害国家形象。事后证实，这次演唱会涉嫌造假，5月6日，北京市西城区文化委员会、中国歌剧舞剧院分别在其官网发表各自声明，严正澄清事实，依法追究责任。作为文化中心和国际交流中心，北京会长期面临类似的考验，因此，必须时刻加强舆论阵地的管理。

（四）关注资本力量的影响，预留舆论引导空间

资本力量影响媒体的现象需要引起高度重视。从媒体的公开报道来看，资本对渠道的控制已初具规模。

阿里巴巴通过直接、间接、关联公司、个人入股等多种方式，已经入股24家媒体，优酷、新浪微博、头条、虎嗅、光线传媒、第一财经、21世纪传媒等均收入麾下，涵盖纸媒、电视、视频、社交媒体、垂直媒体、内容发行商、内容生产商等多种形式。[2]资本对影视文化、媒体舆论的影响已显出端倪，毋庸置疑，资本通过“控制”传播渠道，掌握了很大的话语权，这已经成为舆论管理的新变量，必须引起足够的重视，为舆论引导预留空

---

❶ 网易新闻：《人民大会堂上演“在希望的田野上”交响音乐会》，2016年5月7日，http://news.163.com/photoview/00AP0001/117792.html#p=BMESHDUR00AP0001.

❷新华网：《马云媒体帝国成员都有谁？》，2015年12月7日，http://www.xinhuanet.com/info/2015-12/07/c_134890833.htm.

间，才能在未来的博弈中赢得主动。

第三节　首都网络舆论的趋势

一、政务微媒体对首都网络舆论场影响力将继续加强

在网络舆论场上，各级政府部门的政务微博、微信、客户端作为一支重要的话语力量，已经实现了从信息发布向务实应用的转型。政务微媒体放下身段，倾听民意，与民互动，最大限度地消除误解，增进共识，深刻地影响着网络舆论场。以北京微博微信发布厅为例，2014 年 1 月 15 日，北京微博微信发布厅正式上线，原有北京微博发布厅[1]正体入驻，整合微信，进一步突出集群化、矩阵化的北京模式。关注“北京微博微信发布厅”公众号，网民可以在微信中通过“政府机构”板块直接浏览“北京发布”及全市各委办局的微博动态，通过“新闻发言人”板块浏览全市各新闻发言人的微博动态，网民既可以通过微博获取政府信息与服务，也可以通过微信获取政府信息与服务，在全国率先实现了微博、微信双微服务功能的全面融合。

二、群众监督举报将成为首都网络舆论管理的重要支持

当前，北京朝阳群众、西城大妈、海淀网友在网络舆论场上享有盛誉，他们为维护首都治安、保持社会稳定志愿提供线索，赢得了网民的欢

[1] 北京微博发布厅，2011 年 11 月上线，至并入北京微博微信发布厅时，拥有全市各区县、委办局及新闻发言人 81 个一级成员，2000 多个二级成员，7000 多万粉丝，发布信息 36 万条，为民解决问题上万件。

迎,成为首都网络舆论监测与管理的重要支持。

北京朝阳群众从2013年8月举报微博红人“薛蛮子”走红网络,成为相关部门掌握舆情动向的重要辅助力量。据不完全统计,从2014年开始,一大批涉毒明星艺人均是由朝阳群众举报,后被警方查处。北京警方公开鼓励市民争当“朝阳群众”,并在@平安北京上称“朝阳群众很神秘……朝阳群众很可爱,因为他们疾恶如仇,耳聪目明;警方工作离不开大家的支持和配合,不论是案件线索收集还是交通、消防、治安隐患排查,大家都可以来做朝阳群众。”西城大妈是西城区群防群治力量的代名词,她们身穿红马甲、臂挎红袖章、头戴小红帽,有七成是58岁到65岁的女性。与“朝阳群众”相比,“西城大妈”不仅防恐防暴、联勤联动、助警协警、守护平安,还发挥着日常邻里守望、调解矛盾、关注民生、服务百姓的作用。北京市海淀区高校云集,大学生汇聚,再加上中关村科技园和海淀新区科技创新园区中的白领,构成了“海淀网友”的人口基础。不同于“西城大妈”大多是本地居民,在现实中也亮出身份,海淀网友大多隐藏在手机背后,提供各种线索,他们是热心社会治安的群体,举报各类正在发生的违法犯罪行为十分专业。

三、网民网络素养的提高将促使首都网络生态逐渐清朗

首都网络舆论场上,网民对于话题走向、价值判断都具有举足轻重的影响。网民的理性判断、仗义执言在祛除网络歪风邪气、塑造健康舆论生态上发挥着越来越强大的作用。

第一,网民的媒介素养不断提高。2015年7月,中国木兰文化研究中心发表公开信,要求喜剧《木兰从军》团队向木兰故里人民道歉;中国道教协会权益保护委员会主任发文谴责《道士下山》丑化道教。

第二,网民的理性建设逐渐增加。首都网络舆论场上参与声音多

元，同时表现出更多的建设性。

四、中产阶层对首都网络舆论场的影响将继续加大

毋庸置疑，中国社会的道德、审美、价值观、生活方式和消费方式都在迅速中产阶级化。在公共舆论中，中产阶层活跃在各种舆论场合。2016年，魏则西事件、和颐酒店女生遇袭事件、中关村二小疑似校园“欺凌”事件等多起社会热点事件中，中产阶层对舆论的影响力多次得到印证。在中产阶层的关注下，“安全”成为2016年年度舆情热点事件的关键词。中产阶层对“安全”的诉求，投射到个人命运上，表现为对教育、医疗、社保等政策民生的关注，投射到社会前途上，表现为对环保、法治、社会道德、弱势群体等的关注，投射到国家命运上，表现为对政策外交、国际纠纷、全球化发展等的关注，中产阶层将用他们的价值观和社会态度促成社会热点议题，进而引导舆论走向。

参考文献

[1]郭庆光.传播学教程[M].北京:中国人民大学出版社,1999.

[2]蒲红果.说什么怎么说:网络舆论引导与舆情应对[M].北京:新华出版社,2013.

[3]喻国明,李彪.社交网络时代的舆情管理[M].南京:江苏人民出版社,江苏凤凰美术出版社,2015.

[4]谢新洲.舆论引擎:网络事件透视[M].北京:北京大学出版社,2013.

[5]谢新洲.网络传播理论与实践[M].北京:北京大学出版社,2004.

[6]周勇.路径与抉择——主流电视媒体网络视听信息发展战略[M].北京:中国传媒大学出版社,2013.

[7]余红,李瑞芳.互联网时代网络舆论发生机制研究[M].武汉:华中科技大学出版社,2016.

[8]王贵斌.Web2.0时代网络公共舆论研究[M].北京:中国传媒大学出版社,2015.

[9]刘伯贤.网络舆论引导艺术:与领导干部谈识网用网[M].北京:新华出版社,2015.

[10]谢金林,杨维东.网络舆论危机下政府形象管理研究[M].北京:人民出版社,2015.

[11]卢梭.社会契约论[M].北京:商务印书馆,2010.

[12]程世寿.公共舆论学[M].武汉:华中科技大学出版社,2003.

[13]刘建明.舆论传播[M].北京:清华大学出版社,2001.

[14]波斯特.第二媒介时代[M].范静哗,译.南京:南京大学出版社,2000.
[15]黄河.新媒体发展与社会管理[M].北京:中国传媒大学出版社,2013.
[16]安德森.长尾理论[M].北京:中信出版社,2006.
[17]席勒.思想管理者[M].王怡红,译.台北:远流出版公司,1996.
[18]陈力丹.微博的自律与自净机制[J].网络传播,2011(10).
[19]李雨宸,汪洛伊.关于自媒体公信力建构的分析研究——以微信公众平台为例[J].新闻传播,2017(1).
[20]李彪.当前社会舆情场域态势与话语空间转向研究——基于网络舆情新变化的分析[J].暨南学报(哲学社会科学版),2016(6).
[21]谭伟.网络舆论概念及特征[J].湖南社会科学,2003(5).
[22]金兼斌.网络舆论调查的方法和策略[J].河南社会科学,2007(4).
[23]笑蜀.关注就是力量 围观改变中国[N].南方周末,2009-01-13.
[24]岳蔚敏,康冀楠."互联网+"时代到来[N].开封日报,2015-04-22(9).
[25]王丹.二维码体现政务公开新意[N].光明日报,2017-03-15(7).
[26]彭兰.影响公民新闻活动的三种机制[J].上海师范大学学报(哲学社会科学版),2010,39(4).
[27]彭兰.碎片化社会与碎片化传播断想[J].华南理工大学学报(社会科学版),2012,14(6).
[28]李昊青,兰月新,侯晓娜,等.网络舆情管理的理论基础研究[J].现代情报,2015(5).
[29]罗晓光,溪路路.基于社会网络分析方法的顾客口碑意见领袖研究[J].管理评论,2012(1).
[30]杨倩、刘益、韩朝.网络购物中顾客信任影响机制研究[J].情报杂志,2011(5).
[31]纪忠慧.美国政府的舆论管理与政策制定[J].国际关系学院学报,2008(5).

[32]陈斌.强化房产政策执行 提升政府公信力——试论房产政策失灵与政府公信力危机[J].市场论坛,2014(1).

[33]项德生.试论舆论场和信息场[J].郑州大学学报,1992(5).

[34]余秀才.网络舆论场的构成及其研究方法探析[J].现代传播,2010(5).

[35]左广兵."微政治"蔓延挑战中国治理生态[J].人民论坛,2012(18).

[36]韩元佳.全民直播时代轰然到来 狂欢背后的激情和困惑[N].北京晨报,2016-04-18(B01).

[37]李良荣.2016年网络舆论场的新生态、新业态、新取向[J].新闻记者,2017(1).

[38]邹军.虚拟世界的民间表达——中国网络舆论研究[D].上海:复旦大学,2008.

[39]王惠军.网络舆论传播规律及其导向研究[D].南昌:南昌大学,2012.

[40]刘春波.舆论引导论[D].武汉:武汉大学,2013.

[41]杨文伟.转型期中国社会阶层固化研究[D].北京:中共中央党校,2014.

